王世襄集

说葫芦

王世襄 著

生活·讀書·新知 三联书店

出版说明

2009年11月28日,王世襄先生在北京去世,享年95岁。随着王先生的辞世,他的研究及学问,即将成为真正的绝学。为使这些代表中国传统文化的绝学散发出璀璨的光芒,为后人所继承、发展,生活·读书·新知三联书店特推出《王世襄集》,力图全面、系统地展现王氏绝学。

王世襄,号畅安,汉族,祖籍福建福州,1914年5月25日生于北京。学者、文物鉴赏家。1938年获燕京大学文学院学士学位,1941年获硕士学位。1943年在四川李庄任中国营造学社助理研究员。1945年10月任南京教育部清理战时文物损失委员会平津区助理代表,在北京、天津追还战时被劫夺的文物。1948年5月由故宫博物院指派,接受洛克菲勒基金会奖金,赴美国、加拿大考察博物馆。1949年8月先后在故宫博物院任古物馆科长及陈列部主任。1953年6月在民族音乐研究所任副研究员。1961年在中央工艺美术学院讲授《中国家具风格史》。1962年10月任文物博物馆研究所、文物保护科学技术研究所副研究员。1980年,任文化部文物局古文献研究室研究员。1986年被国家文物局聘为国家文物鉴定委员会委员。2003年12月3日,荷兰王子约翰·佛利苏专程到北京为89岁高龄的王世襄先生颁发"克劳斯亲王奖最高荣誉奖",其中一个重要的原因就是他对明式家具的研究,奠定了该学科的基础,把明式家具推向了至高无上的地位。

王世襄先生学识渊博,对文物研究与鉴定有精深的造诣。他的研究范围广泛,涉及书画、家具、髹漆、竹刻、民间游艺、音乐等多方面。他的研究见解独到、深刻,研究成果惠及海内外。《王世襄集》收入包括《明式家具研究》、《髹饰录解说》、《中国古代漆器》、《竹刻艺术》、《说葫芦》、《明代鸽经 清宫鸽谱》、《蟋蟀谱集成》、《中国画论研究》、《锦灰堆:王世襄自选集》(合编本)、《自珍集:俪松居长物志》共十部作品,堪称其各方面研究的代表之作,集中展现了王世襄先生的学问与人生。

其中,《蟋蟀谱集成》初版时为影印,保留了古籍的原貌,但于今日读者阅读或有些许不便。此次收入文集,依王先生之断句,加以现代标点,以利于读者阅读。《竹刻艺术》增补了王先生关于竹刻的文章若干,力图全面展现王先生在竹刻领域的成果和心得。"锦灰堆"系列出版以来,广受读者喜爱,已成为王世襄先生绝学的集大成者;因是不同年代所编,内容杂糅,此次收入《王世襄集》,重新按门类编排,辑为四卷,仍以《锦灰堆:王世襄自选集》为名。启功先生曾言,王世襄先生的每部作品,"一页页,一行行,一字字,无一不是中华民族文化的注脚"。其中风雅,细细品究,当得片刻清娱;其中岁月,慢慢琢磨,读者更可有所会心。

《王世襄集》的编辑工作始于王世襄先生辞世之时。工作历经三载,得到了许多喜爱王世襄先生以及王氏绝学人士的支持和帮助,也得到了王世襄家人的大力协助,并获得国家出版基金的资助,在此谨表真诚谢意。期待《王世襄集》的出版,能将这些代表中华文化并被称为"绝学"的学问保存下来,传承下去。

生活·讀書·新知三联书店 编辑部
2013年6月

目 录

葫芦图 .... 黄永玉 3
题辞 .... 黄苗子 3
序言 .... 启功 4

前言 1

上卷

一、天然葫芦 4
二、勒扎葫芦 7
三、范制葫芦 9
四、火画葫芦 18
五、押花葫芦 21
六、针划葫芦 25
七、刀刻葫芦 26

下卷

一、鸣虫种类与所用葫芦 28
二、畜虫葫芦各部位分述 34
三、秋山捉蝈蝈 37
四、育虫与选虫 39
五、鸣虫之畜养 42

图版

说明 48
图版 49

插图目录 175
图版目录 179
附录 180
附：对《说葫芦》、《中国葫芦》
　　两书之改正与补充 186
王世襄编著书目 189

《葫芦图》黄永玉

繫而不食聖人徒玩物成家古無是事況天工傳妙手畫跡何必指葫蘆不寬不樂故常寬人多天機妙莫宣休問此中裝甚藥一瓢也足是顏淵暢有道兄鴿兄成書後屬為葫蘆作說多能鄙事賢者無後乐此西家國民俗文化淵源正深蘊藏亦富暢兄沈潛此間蒐羅寢食雖不為往聖繼絕學其亦為民族當傳統乎　辛未中秋　苗子

为《说葫芦》题辞　黄苗子

序　言

"玩物丧志"这句话，见于所谓伪古文《尚书》，好似"玩物"和"丧志"是有必然因果关系的。近代番禺叶遐庵先生有一方收藏印章，印文是"玩物而不丧志"。表面似乎很浅，易被理解为只是声明自己的玩物能够不至丧志，其实这句印文很有深意，正是说明玩物的行动，并不应一律与丧志联在一起，更不见得每一个玩物者都必然丧志。

我的一位挚友王世襄先生，是一位最不丧志的玩物大家。大家二字，并非专指他名头高大，实为说明他的玩物是既有广度，又有深度。

先说广度。他深通中国古典文学，能古文，能骈文；能作诗，能填词。外文通几国的我不懂，但见他不待思索地率意聊天，说的是英语。他写一手欧体字，还深藏若虚地画一笔山水花卉。喜养鸟、养鹰、养猎犬，能打猎；喜养鸽、收集鸽哨；养蟋蟀等虫，收集养虫的葫芦。玩葫芦器，就自己种葫芦，雕模具，制成的葫芦器上有自己的别号，曾流传出去，被人误认为古代制品，印入图录，定为乾隆时物。

再说深度。他对艺术理论有深刻的理解和透彻的研究。把中国古代绘画理论条分缕析，使得一向说得似乎玄妙莫测而且又千头万绪的古代论画著作，搜集爬梳，既使纷繁纳入条理，又使深奥变为显豁。读起来，那些抽象的比拟，都可以了如指掌了。

王先生于一切工艺品不但都有深挚的爱好，而且都要加以进一步的了解，不辞劳苦地亲自解剖。所谓解剖，不仅指拆开看看，而是从原料、规格、流派、地区、艺人的传授等等，无一不要弄得清清楚楚。为弄清楚，常常谦虚、虔诚地拜访民间老工艺家求教。因此，一些晓市、茶馆，黎明时民间艺人已经光临，他也绝不迟到，交下了若干行中有若干项专长绝技的良师益友。"相忘江湖"，使得那些位专家对这位青年，谁也不管他是什么家世、学历、工作，更不用说有什么学问著述，而成了知己。举一个有趣的小例。他爱自己炒菜，每天到菜市排队。有一位老庖师和他谈起话来说："干咱们这一行……"就这样，把他真当成同行。因此也可以见他的衣着、语言、对人的态度，和这位老师傅是如何地水乳，使这位老人不疑他不是"同行"。

王先生有三位舅父，一位是画家，两位是竹刻家。画家门生众多，是一代宗师。竹刻家除传下竹刻作品外，只留下些笔记材料，交给他整理。他于是从头讲起，把刻竹艺术的各个方面周详地叙述，并阐发亲身闻见于舅父的刻竹心得，出版了那册《刻竹小言》，完善了也是首创了刻竹艺术的全史。

　　他爱收集明清木器家具，家里院子大，房屋多，家具也就易于陈设欣赏。忽然全家凭空被压缩到一小间屋中去住，一住住了十年。十年后才一间一间地慢慢松开。家具也由一旦全部被人英雄般地搬走，到神仙般地搬回，家具和房屋的矛盾是不难想象的。就是这样的搬去搬回，还不止一次。那么家具的主人又是如何把这宗体积大、数量多的木器收进一间、半间的"宝葫芦"中呢？毫不神奇，主人深通家具制造之法，会拆卸，也会攒回，他就拆开捆起，叠高存放。因为怕再有英雄神仙搬来搬去，就没日没夜地写出有关明式家具的专书，得到海内外读者的喝彩。

　　最近又掏出尘封土积中的葫芦器，其中有的是他自己种出来的。制造器皿的过程是从画式样、镟模具起，经过装套在嫩小葫芦上，到收获时打开模子，选取成功之品，再加工镶口装盖以至髹漆葫芦里等。可以断言，这比亲口咀嚼"粒粒辛苦"的"盘中餐"，滋味之美，必有过之而无不及！现在和那些木器家具一样，免于再积入尘土，赶紧写出这部《说葫芦》专书，使工艺美术史上又平添出一部重要的科学论著。我们优先获得阅读的人，得以分尝盘中辛苦种出的一粒禾，其幸福欣慰之感，并不减于种禾的主人。

　　写到这里，不能不再谈王先生深入研究的一项大工艺，他全面地、深入地研究漆工的全部技术。不止如上说到的漆葫芦器里。大家都知道，木器家具与漆工是密不可分的。王先生为了真正地、内行地、历史地了解漆工技术，我确知他曾向多少民间老漆工求教。众所周知，民间工艺家，除非是自己可信的门徒是绝不轻易传授秘诀的。也不必问王先生是否屈膝下拜过那些身怀绝技的老师傅，但我敢断言，他所献出的诚敬精神，定比有形的屈膝下拜高多少倍，绝不是向身怀绝艺的人颐指气使地命令说"你们给我掏出来"所能获得的。我听说过漆工中最难最高的技术是漆古琴和修古琴，我又知王先生最爱古琴，那么他研究漆工艺术是由古琴到木器，还是由木器到古琴，也不必询问了。他批注过惟一的一部讲漆工的书《髹饰录》。我们知道，注艺术书注词句易，注技术难。王先生这部《髹饰录解说》不但开辟了艺术书注解的先河，同时也是许多古书注解所不能及的。如果有人怀疑我这话，我便要问他，《诗经》的诗怎么唱？《仪礼》的仪节什么样？周鼎商彝在案上哪里放？古人所睡是多长多宽的炕？而《髹饰录》的注解者却可以益然自得地傲视郑康成。这一段话似乎节外生枝，与葫芦器无关，但我要郑重地敬告读者：王世襄先生所著的哪怕是薄薄的一本小册，内容讲的哪怕是区区一种小玩具，他所倾注的心血精力，都不减于对《髹饰录》的注解。

　　旧时社会上的"世家"中，无论为官的、有钱的、读书的，有所玩好，都讲"雅玩"。"雅"字不仅是艺术的观念，也是摆出身份的标准。"玩"字只表示是居高临下的欣赏，不表示研究。其实不研究的欣赏，没有不是"假行家"。而"假行家"又"上大瘾"的，就没有不丧志的。怎样丧志，不外乎巧取豪夺，自欺欺人，从丧志沦为丧德。而王世襄先生的"玩物"，不是"玩物"而是"研物"；他不但不曾丧志而是立志。他向古今典籍、前辈耆献、民间艺师取得的和自己几十年辛苦实践相印证，写出了这部已出版、未出版、将出版的书。可以断言，这一本本、一页页、一行行、一字字，无一不是中华民族文化的注脚，并不止《说葫芦》这一本！

启功

1991年3月3日

前　言

　　1973年浙江余姚河姆渡原始社会遗址发现葫芦子❶，可知我国种植葫芦已有七千年历史。甲骨文已有"壶"（🏺🏺🏺）字❷，像葫芦之形，是先民用葫芦作水浆容器之证。其后虽以陶、铜等各种物质为之，仍名曰壶，且逐渐成为容器之专用名称。千百年后，"壶"之本义为葫芦反日益淡漠矣。

　　"葫芦"一称，唐代始流行❸，古则称之曰壶、曰瓠、曰匏，均见《诗》三百篇。《豳风》"七月食瓜，八月断壶"；《小雅》"幡幡瓠叶，采之亨（烹）之"；《邶风》"匏有苦叶"是也。《诗》郑笺："壶，瓠也。"许慎《说文》："瓠，匏也。"又曰："匏，瓠也。"三者可互训，故李时珍谓"古人壶、瓠、匏三名，皆可通用，初无分别"❹。宋代以后，葫芦品种繁衍，元王桢《农书》言及有大、小、长柄、亚腰等不同形态之葫芦（见后引文）。《本草纲目》壶卢条则称："后世以长如越瓜，首尾如一者为瓠，瓠之一头有腹长柄者为悬瓠，无柄而圆大形扁者为匏，匏之有短柄大腹者为壶，壶之细腰者为葫芦。各分名色，迥异于古。"❺所言为明代葫芦品种及名称。清代以还，北京以身细而长者为瓠，体硕腹大者为匏。破匏为二，可以挹水者为瓢。细腰（亦称约腰或亚腰）者为葫芦（或写作壶卢）。葫芦亦用作匏、瓠等各种葫芦之总称。今本书以葫芦名篇，即取此义，因所收实物备赅不同品种，亦缘此称通俗易懂，尽人皆知也。

　　葫芦可供食用，子曰："吾岂匏瓜也哉，焉能系而不食！"❻适足证古为主要园蔬，其有益民生，居园蔬之首，《农书》言之尤详："匏之为用甚广，大者可煮作素羹，可和肉作荤羹，可蜜煎作果，可削条作干。小者可作盒盏，长柄者可作喷壶，亚腰者可盛药饵，苦者可治病。"又曰："瓠之为物也，累然而生，食之无穷，烹饪咸宜，最为佳蔬。种得其法，则其实硕大。小之为壶勺，大之为盆盎，肤瓤可以喂猪，犀瓣可以灌烛，举无弃材，济世之功大矣。"❼此外匏为八音之一，自古即用作笙、竽等乐器❽，至今苗族仍广泛使用。裁匏成轮，车床旋转，为治玉抛光不可或缺之工具。其功更莫大于系以涉水，所谓"中河失船，一壶千金"❾，实即堪托死生之救生圈。考古植物学家游修龄曾撰《葫芦的家世》

❶ 浙江省文管会等：《河姆渡发现原始社会重要遗址》，《文物》1976年第8期。

❷ 甲骨文三"壶"字，分别见董作宾：《殷虚文字外编》441；董作宾：《小屯，殷虚文字乙编》2144；董作宾：《小屯，殷虚文字乙编》3864。

❸ 隋陆法言《广韵》："瓠䨪，瓢也。""瓠䨪"当为葫芦之早期写法。"葫芦"两字，唐代文献始大量出现。如《酉阳杂俎》记载镂身者在臂上刺有葫芦精形象。《晋公遗语》："唐世风俗贵重葫芦酱。"《记事珠》："唐世风俗重葫芦酱，桃花醋。"《唐书，礼乐志》："高丽伎有……葫芦笙。"

❹ 李时珍：《本草纲目》卷二十八壶卢条，1957年商务印书馆铅印本。按王念孙持论与李时珍同："匏也，瓢也，瓠䨪也，实一物也。瓠䨪或作壶卢，或作瓠瓤。"见《广雅疏证》卷十上，商务印书馆《万有文库》本。

I

❺ 见❹。

❻ 见《论语·阳货》。

❼ 据《古今图书集成·草木典》第四十七卷《瓠部》引王氏《农书》。乾隆武英殿聚珍版本王桢《农书》与此略有出入。

❽ 罗愿:《尔雅翼》卷八《匏》:"瓠有柄曰悬瓠,可为笙,曲沃者尤善。秋乃可用,用则漆其里。匏在八音之一,古者笙十三簧,竽三十六簧,皆列管匏内,施簧管端。"《学津讨原》本。

❾ 见《鹖冠子·学问篇》,《四部丛刊》本。

❿ 游修龄:《葫芦的家世——从河姆渡出土的葫芦种子谈起》,《文物》1977年第8期。

一文,列举多种用途,并谓"如与各国比较,全面利用葫芦莫如我国者,可谓举世无二"❿。惟笔者以为尚有十分重要一面罕经人道,即葫芦有特殊之体质,美妙之色泽,故可制成观赏价值极高之艺术品及工艺品。本书所收百数十器,盘、碗、瓶、壶、炉、罐、盂、盒之外,堂上陈设,案头清供,闺房佩饰,乐器音槽,无不有之。他如簪花注水,贮药盛烟,呼鸟饲鹰,畜虫系鸽诸具,亦足以赏心悦目,养性怡情。其中尤以范制葫芦,自然生成,而造型结体,文字画图,悉随人意,真可谓巧夺天工,实为我国独有之特殊工艺,而西方人士讶为不可思议者,讵不应大书特书。此外复有多种装饰方法,使之生色增辉。绳网勒扎,交互呈文,仿佛花苞欲绽,彩结成球。燃香火画,可缩名山大川于盈寸之间,移嘉卉奇葩于指掌之上。坚刃砑押,浮雕隐起,恍如竹刻之薄地阳文。针划墨染,细若游丝,视刻瓷尤为纤密。煮红刀刻,流畅快利,与宋磁州窑同一民间意趣。故葫芦之美,美不胜收,不妨称之为葫芦艺术或葫芦文化。

葫芦之天然美、人工美,前人虽有言及,惟片言只语,遗阙尚多,今为表而出之,乃有斯篇之作。本书上卷分篇叙述天然及诸般人工雕饰葫芦,下卷谈贮养鸣虫葫芦及其饰件。所收实例,均有彩图,并附简略说明。间加插图,俾供参照,有关文献,非随手可以拣得又未录全文者,收入附录,以备查阅。

葫芦至此,已尽欲言。顾不能自已,又信笔所之,写成捉虫、育虫、养虫等篇。良以葫芦静止,有虫则灵,声出于中,愈增其美。言葫芦而不遗鸣虫,亦犹爱屋之及乌也。更以葫芦畜虫,由来已久,为博视听欢娱,破寒冬寂寞,萃多人之心力,寄无限之情思,长期研习,世代相传,乃形成特殊之耽爱。鸣声务求其悦耳,器用不厌其妍华。凡此虽得诋之为玩物丧志,亦喜其可冶性陶情。毁誉纵殊,终不失为我国独有之民间习俗。鉴于明清以来,鲜有形诸笔墨,故不辞琐屑,缕缕述之。知我罪我,皆非所计也。

上卷

一　天然葫芦

天然葫芦有纯属天然与裁切成器之别。前者可喻之为天生璞玉，后者为成器而破形，已是大璞不完矣。

古人每以匏或瓢作室名、别号。陈邦彦室曰匏庐，彭镛号匏庵道人，吴宽号匏庵先生，钱载号匏尊，黄慎号瘿瓢，此皆广为人知者。其中或只以匏自况，或因藏匏而得名。至所藏者为纯属天然，抑已裁切成器则难详考矣。

纯属天然葫芦，寻常者弃不足惜，故难保存。端正停匀，肌理光洁，百不得一，始为人重。画家为高人逸士写照，身背葫芦，或绦系杖头，多属此类。金麻九畴植匏诗"何如游子杖挑来"❶，所咏似为未经裁切之天然葫芦。

唐张说有《咏瓢》诗："美酒酌悬瓢，真淳好相映。蜗房卷堕首，鹤颈抽长柄。雅色素而黄，虚心轻且劲。岂无雕刻者，贵此成天性。"❷所咏乃取天然葫芦，不施雕饰，只经裁切制成之器。

葫芦之特大特小者亦难得。本书图版1即为罕见之大约腰葫芦。特小者唐韦肇《瓢赋》已有"有以小为贵"之句（附录1）。陆放翁诗则曰"色似栗黄形似茧，恨渠不识小葫芦"，言贵人佩金鱼，何如野人之佩小葫芦。又曰"行过山村倾社看，绝胜小剑压戎衣"（附录2），言身佩小葫芦，村人倾社出看，不胜艳羡，可见唐、宋时已为人所重。高濂《燕闲清赏笺》称："小葫芦形仅寸许……用为披风钮子，有物外风致。但难于成功，亦难美好，为可恨也。"❸屠隆亦珍爱小葫芦，《游具笺》所述与高略同（附录3）。《曼龛壶卢铭》称："小壶卢极难种，有极小可为耳珰者，一双直百余金。"❹予曾见小葫芦与珍珠、珊瑚、象牙须梳同缀成串，佩老人襟际。其天生丽质视珠牙诸珍宝不多让。

并蒂骈生葫芦更为难得，一大一小者固稀有，同大如孪生者尤为可贵，张叔未于嘉庆六年在琉璃厂古董肆见双结葫芦，价昂不可得，因有"昔见双壶双结联，欲购厂肆囊无钱"之叹，可见当时已作为骨董，且价必可观。

在理❺人家多在中堂供养天然葫芦，三枚、五枚或七枚为一堂，不仅贵在枚枚完好，更讲求全堂之仪容。大者居中，左右递小，一一相称，莹澈无瑕，艳如重枣，浑然一色，方是奇珍。蒂柄（通称曰"本"）尤不可伤，即些微须蔓

---

❶ 据《佩文斋广群芳谱》卷十七《壶卢》条引文引。

❷ 据《全唐诗》页222，1986年上海古籍出版社印本。

❸ 高濂：《遵生八笺》卷十六《盆种小葫芦》，光绪甲申重刊本。

❹ 叶金寿：《曼龛壶卢铭》，《美术丛书》三集四辑四册，神州国光社排印本。

❺ 北京人家多奉"在理教"，简称"在理"。教规主要戒烟酒，供桌上陈置大小葫芦为在理之家常年习俗。据《国语辞典》页3386：在理教为"白莲教之支派，清初创于山东人杨来如，言在儒、释、道三教之理中，故名。明亡，来如志切兴复，创立此教。其制不设像，不焚香，戒烟酒，不禁茹荤。北人信奉者众，乃供奉慈航大士，以避清廷耳目"。

亦爱惜护持，视同头目脑髓。

葫芦制器，肇自远古。甲骨文之"壶"字，颜回之"一瓢饮"，《豳风》之"八月断壶"，均为较早之文献。南齐卞彬，不仅饮酒用瓠壶、瓢勺，且以"大瓠为火笼"❻。葫芦易燃，而竟用作笼火之具，故史称其"多诸诡异"。唐韦肇《瓢赋》："器为用兮则多，体自然兮能几？惟兹瓢之雅素，禀成象而璟伟。……离芳叶，配金壶，虽人斯造制，而天与规模。柄非假操而直，腹非待剖而剞。……黄其色以居贞，圆其首以持重。"（附录1）对葫芦之天生质色，自然成形，便于制器，瑰伟不凡，赞颂备至。《前赤壁赋》有"驾一叶之扁舟，举匏尊以相属"之句，是坡仙饮酒亦尝用葫芦器。元王恽有《匏瓜亭》诗："君家匏瓜尽尊彝，金玉虽良适用齐。"❼乃谓葫芦可制成多种器物，金玉虽良，未必有其适用。明代以降，制者愈多。忧国忧民如杨忠愍公，亦曾制酒器而铭之。据钱箨石先生所记，器"高六寸，容半升，肤色黄栗，滑不留手。上刻小行书云：'酿成四海合欢酒，欲共苍生同醉歌。嘉靖己酉岁秋九月诗。椒山。'"❽高濂称方古林作瘿瓢，"就物制作妙入神"❾，亦似取天然葫芦裁切而成。

浙江槜李，更以匏尊著称，驰名遐迩，人争购之，《嘉兴府志》竟列入《物产》门❿，成为一方特有之工艺品。其制始于明遗民巢鸣盛。《静志居诗话》称："巢孝廉鸣盛端明，绕屋种匏凡十余种，长如鹤胫，纤若蜂腰，杯勺之外，室中所需器物，莫非匏者。远迩争效之，槜李匏尊，不胫而走海内。"朱竹垞曾为所制尊作铭，有"截为杯勺与俗殊，……物微奚足道，难得高人制"之句⓫。盖正因所植品种齐备，故能制成多种器用。

当地石佛寺僧能仿制，亦称妙手，第揩磨之工较逊⓭。此后邑人王应芳，字蟾采，善治匏器，每语人曰"破匏为尊，太古之制"，自号太朴山人⓮。后来居上者更有周廉夫，号五峰。俞汝言称其"时其节候而取之，相材量质为尊、槃、壶、杯、勺、烛擎、熏炉，摩挲精润，声价在王应芳上。求之者不远燕、赵、秦、楚，以是给朝夕"⓯。秀水曹溶对五峰尤为推崇，其《匏杯歌》曰："郡中攻匏始王氏，其后模仿纷然多。……石佛寺僧称妙手，工惟急就亏揩磨。……东郊周生最晚出，家无尺帛颜常酡。穷思莽苍得其窍，尽刷怪诡还中和。终年黯惨与神遇，欸起奏刀如掷梭。不规而成妙天质，因物纤巨无偏颇。瓶罍满眼总适用，譬若圣教陈四科。其间卓绝首觥器，琴轩书榻光相摩。……"（附录4）味诗意，所谓得窍，仍在尽去怪诡而归于自然。不受迫促，耐心摩挲，乃得与琴书相映，一室生辉，此石佛寺僧所不能及也。

综上所述，可知裁切天然葫芦制成多种居家器用，代有其人，且入清以后，其制愈精，其类愈备。惟取作饲鹰、系鸽、畜虫等供游乐之具，二三百年来，京中独盛，却少有人言及。

养鹰家取修长约腰葫芦，横置时蒂柄稍稍上翘者尤为合用，就上肚之半，随形开口，余半凹掬如勺，刳去瓤子，磨光髹黑漆里，名曰"水葫芦"。出猎鸟雀，葫芦下肚贮清水，木楔塞之，系腰间随行。日夕饲鹰，置肉勺内，去塞平卧，水流入勺，鹰就之而食，水肉两足。本书所收两具乃驯鹞名家李凤山故物（图版48），三世家传，色泽红润，为水葫芦之至佳者。

系鸽飞放之哨有多种，取材葫芦者

❻ 萧子显：《南齐书》卷五十二《卞彬传》。

❼ 王恽：《秋涧先生大全文集》卷二十五页269，《四部丛刊》册74，据弘治刊本影印。

❽ 钱载：《箨石斋诗集》卷六《杨忠愍公壶卢诗》并序，清刊本。

❾ 同❸卷十四《论剔红倭漆雕刻镶嵌器皿》条。

❿ 《嘉兴府志》卷三十三《物产》，光绪二年修本。

⓫ 据❿卷三十三引文引。

⓬ 据《嘉兴县志》卷十六引文引，光绪三十二年修本。

⓭ 据曹溶：《匏杯歌》，见附录3。

⓮ 据❿引文引。

⓯ 据⓬卷二十七《列传·艺术》引文引。

有大小葫芦、截口、众星捧月等名色，均用约腰葫芦之下肚为之，作为哨之主体。其上镶哨口，用匏或毛竹剜成。匏口发音嗡嗡然，视竹口为胜。本书所收鸽哨数对，皆五十年前制哨名家周春泉、陶佐文、吴子通等手制，经笔者火画文图（图版49—56）。请参阅拙著《北京鸽哨》一书❶。

以葫芦畜养冬日鸣虫，取其体轻，便于纳入怀中；性温，离怀而仍有暖意；质松，有助虫声振动，发出好音。凡取材天生者，统称"本长"（"长"音zhǎng，乃生长之长），以别于"模子葫芦"（即范制葫芦）。

鸣虫之卵经人工孵化，培育成虫（俗称曰"分"，读去声，音fèn），使鸣于寒冬，有蝈蝈、札嘴、油壶鲁、蛐蛐、梆儿头、金钟六种，所用葫芦，形制各异，但均可从天然葫芦截取，详见下卷《鸣虫种类与所用葫芦》一章。

❶ 王世襄：《北京鸽哨》，1989年三联书店排印本。

二　勒扎葫芦

勒扎葫芦者，绳索结网，兜套幼实上，长成后或勒出下陷直痕，如本书所收之八棱呼鸟葫芦（图版47），或界成花瓣，如揉手之小葫芦（图版45）、呼鸟小葫芦（图版46）等。直痕之疏密，花瓣之大小，悉凭绳索网目而定，自以匀整为上，故亦有精粗、巧拙之分。

别有强力勒扎一种，不仅表面下陷成文，且迫使改变造型，拗屈成畸形葫芦，书中身扁颈曲，略似卧兔者是也（图版4）。

更为奇妙者将葫芦绾挽成结，圆转柔婉，全无拗屈痕迹。张叔未《清仪阁所藏古器物文》只收有文字、花纹之器物，而绾结葫芦全体光素，亦经著录，并倩人绘图（插图1），自书题记及诗各二（附录5），足见对葫芦之珍视。题记之一曰："绾结壶伸之可长丈许，自明时来止庵，未有图而咏之者。嘉庆间，壶入王氏对山阁，后归儿子邦梁。昔岁壬辰之冬，江苏何之琴钰，貌其全身，余既系诗其上，兹复嘱受之辛缩图为册。道光十九年己亥元日，嘉兴七十二岁老者张廷济叔未甫。"之二曰："壶长丈许，柄绾一结，前明中叶，止庵初建时，西域僧携留者。里中丈胡雄飞、孙君尚、沈育佳觅长柄种，仿绾之，柄辄折。拔少时令柄软，结而复种之，则又萎。启其蒂，出子植之，亦不遂。"❶按葫芦伸长达丈许，可谓硕大无朋，自属罕见，但只挽一结，尚不能称之为绝无仅有。如与余曩年所见葫芦如意相比则瞠乎后矣。

绾结与范制相结合葫芦如意一柄，1930年前后见之于琉璃厂古玩店。其

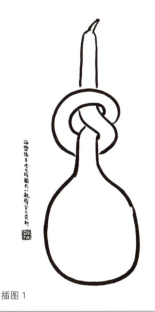

插图1

❶ 张廷济：《清仪阁所藏古器物文》册四，民国十四年商务印书馆石印本。

上端昂然反转，范成云头，有"乾隆赏玩"款识。蒂部微垂，范作如意柄下端，亦有文饰。中部不施范具，而将细长之身，绾挽打结。全器三停匀称，直径大小，弧线起伏，无不合度，且花纹文字，清晰饱满。色泽深黄，莹洁无瑕，不禁叹为观止。良以一器之上，有范、有结、有天生，任一生疵颣，必然累全身，故不知经多少年之栽培，多少次之不如人意，始获一完璧，殆真如沈初《西清笔记》所云"数千百中仅成一二"者（附录6）。如意旋经陈仲恕（汉第）丈买去，后赠其弟叔通先生。惜未能拍摄照片，为此重器留一写真。十年浩劫，亦不知尚在人间否？

张叔未与同里诸君曾多方试种绾结葫芦，终不遂。余亦深知葫芦幼实脆嫩易断，回环绾结，百思不得其法，而实物有之，又不容怀疑。后读《广群芳谱》，载葫芦打结法，深恨叔未未之见，否则定可一试。亟录全文，以告来者。

长颈葫芦如前法。如欲将长颈打结，待葫芦生成，趁嫩时将其根下土挖去一边却，轻擘开根头，捏入巴豆肉一粒在根里，仍将土罨其根，俟二三日，通根藤叶俱软欹欲死却，任意将葫芦结成或绦环等式，仍取去根中巴豆，照旧培浇，过数日，复鲜如故，俟老收之。❷

所述于理可通，惟未尝依法试验，不知其切实可行否？愿园艺家予以验证。倘能生成各式绾结葫芦，岂不将如叔未所云"若使人人绾辄成，百千万结应无算"（附录5），而为我国葫芦文化增色生辉乎！

❷ 据《佩文斋广群芳谱》卷十七《壶卢》条引文引，同治七年刊本。

三　范制葫芦

范制葫芦者，当其幼小时，纳入有阴文花纹之范，秋老取出，形状图文，悉如人意，宛若斤削刀刻而成，诚天然与人工之巧妙结合。尝向海外园艺家言之，彼坚信任何果实如遭套裹，与阳光空气隔绝，必停止生长而蔫萎朽烂。虽详为讲述，中国范匏已行之千百年，仍大惑不解。直至示以木范及成器，始首肯惊叹，啧啧称奇，许为中华所独有。其法初创者大胆设想，再经长期探索，多方实践，始形成特种工艺。中国人勤劳智慧，富开创及改进精神，范匏一艺，虽至微末，亦足为证。

商承祚《长沙古物见闻记》有《楚匏》一则："二十六年，季襄得匏一，出楚墓，通高二十八公分，下器高约十公分，截用葫芦之下半，前有斜曲孔六，吹管径约二公分，亦为匏质。口与匏衔接处，以丝麻缠绕而后漆之。六孔当日必有璜管，非出土散佚则腐烂。吹管亦匏质，当纳幼葫芦于竹管中，长成取用。"❶惜此匏出土后已化作飞尘，无从观察研究。意吹管必上下直径相等，与天生葫芦上细下粗不同，故商氏有纳管长成之说。倘其推测不误，则至迟战国时已施范于葫芦矣。

古代范匏流往日本者有原藏法隆寺、明治间奉献宫中成为御物之"唐八臣瓢"（插图2）。器形似盖罐，图像为人物三组：孔丘、荣启期问答图，苏秦、张仪向鬼谷先生求教图，四皓盘游图，共九人。据显真《古今目录抄》："人形虽有九人，其中荣启期非臣家，故云八臣。"❷人物席地而坐，间以柳竹杂树，经营位置，近似南朝砖墓竹林七贤图及唐孙位高逸图。八臣瓢制于何时何地，何时流往日本，均不可考。据图案风格及在日收藏经过，定为唐物，自属可信。惟耐人思考者为范匏技法唐时既已娴熟，何以国内竟无实物遗存，且宋、元

❶ 商承祚：《长沙古物见闻记》卷上，金陵大学文化研究所1939年刊本。

❷ 据关野贞：《支那工艺图鉴》第四辑，图版99解说引文引，日本印本。

插图2

❸ 谢肇淛:《五杂俎》卷十《物部》一,1959年中华书局排印本。

❹ 蔡玫芬:《葫芦笔筒》,台北《故宫文物》月刊总第12期,台北印本。

❺ 庆桂等:《清宫史续编》卷六十四,1932年排印本。

❻ 即今徐水县。民国时改安肃县为徐水县。

❼ 承李鸿庆先生见告,在苏联冬宫博物馆获见玄烨赠彼得大帝匏器。清宫档案有关于王公大臣入宫观剧后赏赐匏器之记载。

诸朝,亦无记载及之。岂唐代之后,斯艺沦亡,至明而又复兴耶?有待考古及史料之更多发现为作解答矣。

《五杂俎》,万历谢肇淛撰。其《物部》一条称:"余于市场戏剧中见葫芦多有方者,又有突起成字为一首诗者,盖生时板夹使然,不足异也。"❸ 可见至明晚期,范制葫芦已成为民间常见工艺品。所谓板夹,实即木范,设非四面夹之,又安能使之成方耶。

范制葫芦自入清廷而踵事增华,蔚为大观。宫廷艺术,本多来自民间,范匏何独不然。玄烨(康熙帝)赐其孙弘历(乾隆帝)葫芦笔筒❹即为方形,且突起成字(插图3),与《五杂俎》所记吻合,似可为万历民间范匏工艺进入清廷作一旁证。

前曾浏览康熙至道光五朝御制诗文集,言及范制葫芦者仅弘历一人。初检所得,已有各体诗十首之多(附录7)。据此得知清宫艺匏始自康熙朝,种植之地在禁苑丰泽园,由内监司其事。所云"壶卢器出于康熙年间,皇祖命奉宸取架匏而规模之","壶卢模器始康熙,苑监相承法种之","园开丰泽重农圃,蔬匏尔时种于此",皆言之凿凿,并知沈初《西清笔记》称"葫芦器,康熙间始为之"(附录6),所据亦弘历之诗也。丰泽园据《清宫史续编》在西苑太液池瀛台西北,"南向,门五楹,门外一水横带,前有稻畦数亩,圣祖仁皇帝尝于此劝课农桑。"❺此西苑在今中南海内,非海淀之西苑也。

康熙艺匏已达到极高水平,惟由于弘历钟爱特深,以为形制浑朴,可胜金玉(附录7),自然扩大种植,无论质与量,均超越前代,故吴士鉴有"乾隆间所制者尤为朴雅"之论(附录8)。两朝所范,均有"赏玩"款识,无款或模糊难辨者仅占少数,故能断定其准确年代。雍正、嘉庆款者未之见。道光所制,多无款识,间有易"赏玩"为"年

插图3

插图4

制"者，均为小型器物，颇疑非尽供御玩而为府邸制品。此时宫廷种植远不及乾隆之盛，但又复苏于民间。京西安肃❻，京东三河均有以范匏为业者。所制以畜虫葫芦为主。直至本世纪中叶，此艺已罕有人知而濒于失传，此三百年来兴衰之大略也。

清宫范匏，除供御玩，亦馈赠邻国君主，赏赐贵族王公❼，惟多数仍留宫中，故收藏之富，首推故宫博物院。四十余年前曾手写编目卡片，并在西路抚辰殿辟匏器陈列室。寓目各件未能收入本书而尚能忆及其品色者有：凤纹尊、砚盒、香盒、匏背铜镜、自鸣钟钟楼、大小笔筒、盘、碟、杯、碗等不下数十种，一二百件。如编成图录，定琳琅满目，美不胜收。惟各件孰为康熙，孰为乾隆，今已不能详言矣。

以下列举实例自康熙始，依器形区分为盘碗、笔筒尊瓶，及其他三类。

盘碗类

小碟全体光素，只弦纹三道，乃范匏中之最朴质者（图版6）。六瓣碗，每瓣范云纹一朵，回旋圆婉，仿佛剔犀器上所见。黑漆里描绘彩金象牡丹纹，灿烂夺目，可见匏器与髹饰之高度结合（插图4）。圆寿字纹黑漆里描金花卉纹碗，亦属此类（插图5）。

笔筒尊瓶类

四方笔筒（插图3），今藏台北故宫博物院，范出"经纬天地，错综群艺"铭文，弘历受玄烨之赐者即此，乾隆二十三年有诗纪其事（附录7）。北京故宫所藏八方形笔筒与上相似，模印唐人五言流水诗，楷书极工整（插图6）。四

插图5

插图6

插图7

[8] 王世襄:《谈匏器》,《故宫博物院院刊》1979年第1期。并经 Craig Clunas 译成英文,刊登在 Chinese Translations Number Ten, The Oriental Ceramic Society, London, 1981。

兽尊（图版8），每面突起异兽，形态奇古，艺术价值甚高。花卉树石纹瓶（插图7），图案简拙而色泽深紫，似为康熙早年制品。蒜头瓶（图版7），寿字纹瓶（图版9），造型复杂，非有精湛之技艺不能成器也。

其他类

缠莲寿字纹盒（图版10），盖与底用两匏分制，其中心部位各有花脐，可以为证。乐器四件（图版12—15），音箱皆为匏制。昔年拙作《谈匏器》一文[8]，述及其中之提琴及二弦，因无年款，姑凭木雕龙头造型定为康熙时制。后阅近年出版太监信修明遗著，又为上述断代提供佐证。修明记胤禛（雍正帝）封太监魏珠为团城总管（附录9），事近传奇。但谓魏珠善范匏，曾制乐器多种，似属可信，且为范匏艺人留一姓名，故弥觉可贵。

列举乾隆时葫芦器，仍依上述分类。

盘碗类

番莲纹盘，"乾隆赏玩"器中之不甚精者（图版16）。十四瓣长圆形盘（插图8），每瓣范葫芦花一朵。盘内朱漆地，金漆描绘葫芦花纹，花实累累，即俗称"子孙万代"。足内黑漆，金书"乾隆年制"。按范匏施漆，多在器里，器外任匏质外露，示其本色。今此盘足内髹黑漆，恐因圆形之匏，欲范出径约一尺，底平而完整之盘，实非易事，不如范束匏身之一匝，秋老后裁作盘边，不仅容易长成，且可范数边于一匏。惟用此法，盘底中空，必须用板片镶嵌，并施髹漆。此盘虽经把玩，因底部完好，无从审知其制作方法。姑记臆见于此，以待今后验证。卷草纹碗（图版17）、云龙纹碗（图版18），分属撇口及兜口两式。类似之

插图8

插图9

插图10

插图 11

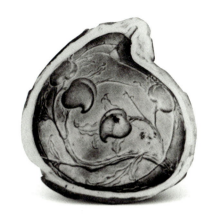

插图 12

碗传世不少，如范印蝶纹（插图9）及圆环穿卷草纹（插图10）者皆是。

笔筒尊瓶类

圆寿字云蝠纹笔筒（插图11），八仙纹瓶（图版22），造型与康熙制品同，诚如弘历所云："遵奉规规，每得佳器。"（附录7、8）纸槌式瓶（图版23），刻御题七律一首，亦弘历赏心之物。龙纹扁壶（图版25），未见款识，似亦制于乾隆时期。

其他类

饕餮纹炉（图版24），图案仿青铜器而加以变易，与同时期之贴黄器有相似处。缠枝莲纹盖罐（图版26），盖与罐乃用两种葫芦范成。九桃匏（插图12），径近尺，乃一完整之匏实。本身为一大桃，其上范出八小桃及枝叶，合成九桃之数。倘剖为两半，加贴子口并髹漆里，便成捧盒。故宫有此成品，惟作为案头清供，反不及完整者天然囫囵，别有情趣。桃上范痕，清晰可数。上下两面各为一圆形大片，两侧用不规则两片范出桃之外缘，底部范片作方形，共五片。特记之以供今后艺匏者参考。如意，两端施范，中间绾结，其设计之巧，范制之难，前已言及。康熙时御园能否为此，今不可知，但乾隆赏玩有此一器，足证技艺已登峰造极。弘历虽曾谓"今司囿者亦仿为之，然大不如旧时者矣"（附录7），心口未必如一，殆不欲自我矜夸，僭越乃祖耳。鼻烟壶仅见一具（图版36），现藏台北故宫博物院。

此一烟壶，应予注意。因据传世实物，乾隆以后不再范制大型匏器，而自道光时起，烟壶、畜虫葫芦等日见流行。有此烟壶一具，得知乾隆时期，已开始范制小型器物。

据文献记载，乾隆时民间已用葫芦畜蝈蝈。潘荣陛《帝京岁时纪胜》称蝈蝈"能度三冬，以雕作葫芦，银镶牙嵌，贮而怀之，……清韵自胸前突出……而悠然自得之甚"[9]。杨米人竹枝词"忽地怀中轻作响，葫芦里面叫蝈蝈"，皆可为证[10]。惟所用葫芦当

[9] 潘荣陛：《帝京岁时纪胜》，《蝈蝈》条，1982年北京古籍出版社排印本。

[10] 杨米人：《都门竹枝词》，1982年北京古籍出版社排印《清代北京竹枝词》本。

为本长而非范制，而用以怀虫之风，似亦尚未传入宫中。何以知之，请阅御制诗文：玄烨有《络纬养至暮春》诗，起句曰："秋深厌聒耳，今得锦囊盛。"（附录10）弘历《咏络纬》诗序曰："皇祖时命奉宸苑使取络纬种育于暖室……每设宴则置绣笼中，唧唧之声不绝，遂以为例云。"（附录11）可知自康熙至乾隆，宫中以丝织品作虫具，并未用葫芦。不然，以弘历爱范匏之深，岂能不言及之。故乾隆时宫中是否已范制畜虫葫芦，有待作进一步之考证。

乾隆以后，范匏之事，无文献可征，不得不求教于老年养虫家，而世代以育虫为业者（人称罐家）亦能言其大略。据称迨及道光，宫中范匏，规模已不如前，只在小花园（或谓乃慈宁宫花园之别称）范制小型葫芦器。但宫廷之外，王公府第，转多培植。鼓楼、海淀两王府在前，继有地安门内慈慧殿宗室永良私邸。永良之子绵宜，同、光间任盛京户部侍郎，于沈阳亦开园范匏。

北京养虫家及古玩业对大内及诸府第所范葫芦，统称"官模子"。其广义自然包括康、乾两朝赏玩器，其狭义则指道光时始大量出现之小型葫芦器。所谓"官"者，与民间相对而言，安肃、三河等地农家所范不与焉。

小型葫芦器包括案头陈设、鼻烟壶及畜虫葫芦。

案头陈设

用圆形小葫芦范成。或柄蒂尚在，出范后不复加工，实例如官模子六方回纹葫芦（图版27）、四方瓦当纹葫芦（图版29）及民间制品六方博古纹葫芦（图版31）。或顶部已裁切开口，倘加铜胆，便是水中丞（图版28）。或安象牙口、盖，盖上有孔（图版136），虽可贮养扎嘴或小绿蝈蝈，但不被视为正式蝈蝈葫芦。各件用途不一而皆可置之几案，供人把玩，故以"案头陈设"名之。

鼻烟壶

历年所见官模子鼻烟壶不下二三十具，仅就本书所收八件而言，雕范精粗，年代早晚，颇有差异。其早者为乾隆（图版36），晚者乃绵宜所制（图版41、42）。山水纹一件为民间制品（图版43）。

畜虫葫芦

官模子与民间所制畜虫葫芦将分别言之。

官模子 绝大多数为蝈蝈葫芦，本书所收已达半百之数，可定为道光制者亦有十五六器，予历年所见十倍于此。粗略估计，百数十年来，范制当以万计。

官模子何以蝈蝈葫芦独多，罐家赵子臣亦有说："元旦至上元，大内宫殿暖阁设火盆，炽木炭，周围架格上满置蝈蝈葫芦，聒耳之声，昼夜不停，蝈与国同音，乃取'万国来朝'之意。"询所说来源，谓父辈闻诸同、光间内侍。传说虽不可尽信，但葫芦发音，自较锦囊绣笼为优，而道光以来有大量蝈蝈葫芦传世，实物已为其作证矣。

官模子蝈蝈葫芦大小长短颇有出入，形状以尖底者为多。模印图文，题材丰富。花纹则龙凤麒麟，吉祥图案之外，山水、园林、人物、花鸟、走兽、虫鱼，无所不有，且有取材于历史故事（图版90、92）、民间神话者（图版108）。内容广泛，远远超过康、乾赏玩器。

故可以通过葫芦，窥见当时之木刻艺术。文字则真草隶篆，四体咸备，钟鼎铭文（图版114），唐人诗篇（图版71、73），隐语诗谜（图版155、156），清文辞语（图版85），皆用以镌范雕模。更于器上题字、闲章印文中不时流露文人趣味、墨客情怀（图版115—118），借知打稿绘样，乃出士人之手，非民间制品所能有。至于畜养札嘴、油壶鲁、蛐蛐、金钟等官模子葫芦，传世不多，本书只收得少数实例。有"道光年制"款油壶鲁葫芦（图版142），花纹文字，清晰饱满，为大量无年款官模子断代，提供可资参照材料。

模制葫芦表面，每可见范痕四道或六道，乃用不同之模具范成。

四道痕者其范四瓣。制范先用梨木四条拼合，断面作⊕形，中心依拟定之造型挖空，阴刻花纹。此范年年可用，惟不论葫芦能否长成，每年只能用一次，故成品数量大受限制。实例如凤仪亭故事（图版91）及双龙纹木范（图版119）。

六道痕者，制模先用梨木七条，拼成木棒，断面作⊕形。其中心一条，上大下小，顶端留柄，以便抽出。木条先胶粘牢固，车床镟削成形，雕刻阳文花纹。随即入水泡开，束以铜箍，木模便告完成，实例如风雨归舟一具（图版120）。下一步在木模外敷泥，厚约2厘米，俟稍干，将木模中心一条抽出，所余六条可一一依次抽完，此时中空内有阴文花纹之泥范已具。入窑烧焙，便成瓦范，亦称砖模，用以套束葫芦幼实，秋老破范取之。用此法一木模可翻制无数瓦范，不受四瓣木范年仅一用之限制，实为范匏工艺一大突破。官模子瓦范烧成未用者，往年亦曾在冷摊觅得。

十年浩劫，被当作手榴弹于谩骂声中掷碎，惜哉！

官模子偶有范痕多至八道者，实例如郑审诗蝈蝈葫芦（图版71）。其范何若，可能有二：一为阴文木范，由八瓣斗合；一为阳文木模，用梨木九条拼成。前者可能性较大。

按事物发展规律，自应先有印出四道痕之木范，后有印出六道痕之瓦范。故有人认为四道痕为道光时制，乃真官模子。六道痕为道光以后所制，乃伪官模子。其言实不可信。因观察实物，不少官模子可定为道光制者，分明有范痕六道（图版76、78、82、83、84）。故用木模翻瓦范道光时早已有之。而四瓣木范，亦不可能在出现瓦范后便停止使用。故只凭范痕之为四为六，不足以作为断定年代早晚之依据。只凭范痕六道，亦不足以作为断定官模子真伪之依据。至于传世实物，四道痕者自然少于六道痕者。倘物以稀为贵，则前者尚矣。

安肃模 今日徐水，清代为安肃县，所制畜虫葫芦，通称"安肃模"。

安肃模何时始有，有待考证。据传世实物，最早者色泽已红，不亚于道光官模子，故可上溯至十九世纪前叶。1949年以后，农村几经变革，无人再以种葫芦为副业，此艺遂绝。据此统计，安肃模前后至少有百数十年历史。

安肃模有光素与有文两种，均有范痕六道，四道者尚未发现。有文者因木模镂刻不精，故花纹粗糙欠清晰。予曾见蝈蝈葫芦范有胖娃娃、蝴蝶、金鱼、花鸟等图案。其佳者饶有乡土气息，风格清新，尚有可取之处。其劣者不免平庸俚俗而不堪入目。与官模子相比，自有文野、精粗之别，价格亦不及官模子之什一。当年正因其易得未着意搜集。本书只收四件，木瓜棒式为无文者（图版128）。南极老人图（图版121）可为其时代不晚于道光作证。笸箩纹（图版123）文理似细而实粗。蟠桃献寿图（图版122）则因其花纹尚精细，近似官模子而入选，却非安肃模之标准制品。

三河刘 京东三河县刘某所范之葫芦曰"三河刘"。其名及年代已罕有人知。承虫友黄振风先生见告，赵子臣曾说出刘名显庭，咸丰时人，亟记之以免湮没无闻。

三河刘一律光素，未见亦未闻范有花纹者。自晚清以来，身价最高，竟超出官模子倍蓰。推其故，乃因"叫虫出音"，久已有口皆碑，深入人心。葫芦胎质原有坚实与疏松之别。养虫家称前者曰"瓷胎"，后者曰"糠胎"。冬虫鼓翅发声，瓷胎不为所动，其音紧而直；糠胎则起共鸣，其音舒而松，故糠胎为优。三河刘多糠胎，乃其特色。胎之"糠"与"瓷"，与葫芦品种有关，而如何培植，亦至为重要。传闻刘氏种葫芦，得控制施肥法，既能令胎有一定厚度（薄胎葫芦俗称"秋薄儿"，不可取。传统乐器音箱皆不能薄，古琴尤为明显。葫芦胎不宜薄理亦相通），又不使生长过足，以至胎质坚实。正复因此，三河刘之表皮并不光泽照人，而予人一种精光内含之感觉，养虫家称之曰"草子皮"。其皮色亦不易变黄，与生老长足之本长及模子葫芦七八年已如蒸栗，数十年便红似琥珀大异，故三河刘多白皮。安肃模下架后多经水煮，揭去葫芦内壁之白色肤瓤，目的在便于防蛀。三河刘则保留肤瓤而使其贴实在内壁，借以增加其厚度，即所谓"带里儿"或"带里子"。

以上均为辨认三河刘之标志，与造型鉴定同等重要。惟葫芦多眭，结实累累，又安能千百如一。亦曾见成对三河刘，皮色光泽，胎骨厚度，并不一致，以上指其标准者而言耳。

清代养虫家只知听鸣虫天然振翅音响，即所谓"本叫"。本叫葫芦不宜高，故三河刘多为矮身。入民国后，用近似火漆物质点在虫翅，改变其音高，即所谓"点药"（亦称"粘药"），而叫点药之虫，葫芦身宜高（有关"点药"请参阅下卷《鸣虫之畜养》），三河刘原无高身葫芦，只有偶然发现尚未栽切及度者，可贮点药之虫。以其稀有，自然身价十倍，珍同拱璧。乐咏西之棠梨肚，余叔岩之大白皮，王星杰之砂酒壶，皆赫赫有名、脍炙人口、啧啧称羡之高身三河刘葫芦也。

三河刘亦用瓦范，但翻制时先用纸包裹木模，故葫芦上呈现纸纹而掩其范痕。人或称之曰"纸模"。此称易滋误解，因以纸糊范，其强度不足以约束幼实之生长而必然破裂，且难禁长夏之露浥雨淋。天津宣家仿三河刘葫芦亦有纸纹，未闻其范为纸制也。

三河刘以油壶鲁葫芦为多，主要式样除前已述及外尚有"和尚头"（图版146、147）、"滑车"（图版148）等。其次为蛐蛐葫芦（图版162），造型与油壶鲁葫芦相近。蝈蝈葫芦以棒子式（图版126）、金钟葫芦以滑车式较为常见。

天津模 本世纪初，津沽始范制畜虫葫芦。宣家最早，继有史老启、陈摆设、大李六等，所制统称"天津模"，绝大多数光素无文。宣大所创一式略似电灯泡，遂以为名，乃从三河刘棠梨肚变出。此后史、陈之制，颈愈长而身愈高、扁肚"咘咘噔式"⓫最为常见。当时点药盛行,矮身葫芦已少有人问津矣。蝈蝈葫芦亦改变官模子尖底"鸡心瓶"形状,近似棒子而肚稍粗(图版129—132)。总之,天津模造型颇能显示其时代及地区风格,与他处葫芦不同,置之寻丈外,一瞥已知其大略。其上如有火画或押花,毋庸见署名、辨干支已知其为近数十年之作品。1949年以后,宣、史等相继谢世,未闻更有以范匏为业者。

1960年据悉范匏艺术在全国范围内业已绝迹,有感于此而草《谈匏器》一稿,投之《文物》杂志。当时主编恐罹玩物丧志之责而不敢采用,直至1979年始得在《故宫博物院院刊》刊出。此后不断有人函询或家访,颇有以恢复范匏为己任者。顾言易行难,未见成效。近数年始喜见北京张金通、天津王强范制畜虫葫芦获得成功,在制范材料、翻模工艺上均有所改进,并将试制大型匏器。惟艺术修养及文化水平均待提高,始能有成。我国巧夺天工之特殊工艺或不致消逝泯灭而终将获得新生,发扬光大,不禁年愈迈而望愈切也。

⓫ 咘咘噔为玻璃制儿童玩具,富察敦崇:《燕京岁时记》:"咘咘噔即鼓珰,亦名响葫芦,又名倒掖气,小者三四寸,大者径尺,其色紫者居多。小儿口衔,嘘吸成声。"咘咘噔式天津模子因形状近似而得名。

四　火画葫芦

火画，又名火绘、火笔或烫花，其法不外乎烧炙器物表面，借焦黄之烙痕，呈现图文。至于器物质地，或纸、或竹、或绫，乃至葵扇、笋箨，皆可为用，且各有名家❶，而葫芦又其小焉者也。

葫芦初收，皮色白皙，三五年后转黄，年愈久愈深，直至红紫。火画只宜施之色浅者，如已深黄，烙痕几与皮色相等，浑沌难分矣。天生葫芦，难免有鸟啄虫伤，艺匏者称之曰"硬伤"；或渍霉雨斑痕，称之曰"阴皮"或"叶搭"；皆可假火画掩其瑕疵。或借虫瘢作树瘿，或依直罾垂柳条，或就霉痕画磐石，运用得当，不觉其丑，反生佳趣。其理与玉人"巧做"相通，亦北京所谓"无绺不做花"也。

火画葫芦，始于何时，有待考证。北京最早名家，当推白二，人称"白老头儿"。以其孙常连死于日寇侵占北京之后，当时年约六旬推之，白二为咸、同时（1851—1874）人。

白二，旗籍，以售葫芦为业，常在隆福寺设摊，镟口框、雕蒙心、烫葫芦，无所不精，只未闻其能押花。其火绘特点，画景及物象皆简率不繁，除非大片阴皮有待遮掩者。所作有婴戏图金钟葫芦（图版164），树下幼儿一手攀树，一手递送拗下花枝。蹲地一儿回首伸臂接取。余三儿嬉戏相逐，描绘不工而神态生动。此外陂陀远山而已。小儿衣衫皆用阔针烙出，一抹而下，不再重复，笔间所留缝隙，恰好成为衣纹，可想见画时毫不矜持，顷刻可就，甚至不须打稿。非成竹在胸，心手相应，不克臻此。白老风格如此，虽不落款，识者亦能辨认。

白二之子文三，既承父业，亦承父艺，名声渐著，生意日隆，雕工、火画亦更工细。所绘三河刘蛐蛐葫芦（图版162），群山回抱，中有人家，稍右，坡石上杂树丛生，自此山峦迤逦而上，主峰巍然，大有气势。近景溪桥上有人曳杖而行。惜年久葫芦已深黄，手中把玩，丘壑分明，求之摄影，实难再现。不独由于烙痕淡褪，更因蛐蛐葫芦身细而圆，摄入镜头之画面极为有限。当年虫友所藏，有文三画老人垂钓江干，山水为冬景；有鹰立山巅，熊在下蹒跚而行。前者为"寒江独钓"，后者为"英

---

❶ 火画纸有籍班禄（见何道生《双藤书屋诗集》卷一《罗云山人火画歌》。籍班禄号罗云山人。歌中有句："炷香入手烟一缕，忽然落纸成丹赭。"故知所画为纸)，竹器有武恬（方邵村《武风子传》，见《竹人续录》)、张玉贤（阮葵生《茶余客话》)，香画白绫有章锦（陈文述《画林新咏》)、王毓曾（李放《中国艺术家徵略》)，火画笋箨有胡荣峰（李放《中国艺术家徵略》)，火画葵扇有赵兆铭、赵晃（钱定一《中国民间美术艺人志》)。

雄斗智"，均为民间题材而常见于烟壶者。文三所作，视青花加紫彩瓷更为工细。概而言之，其精致超过乃翁，而简练自然之趣鲜矣。

崇文门外打磨厂路北小巷曰北深沟，本世纪前半叶巷内有店名仁义顺，春夏经营冷布，秋冬专售葫芦及象牙口框、玳瑁蒙心等（皆畜虫葫芦之饰件，详下卷）。李润三为店中主要成员之一。渠号守业，乳名"狗儿"。"业"与"夜"谐音，故人每笑其号与乳名，何契合乃尔。

润三实为象牙雕刻家，立体圆雕蒙心如"叫五子"（鸡笼内伏母鸡，以翼护五雏）、月季花，皆高逾二寸，且有能活动者，剔透玲珑，穷工极巧，独步当时，而火画亦秀润可喜。所绘灵芝山石蛐蛐葫芦（图版152），乃用低温之烘针，徐徐熨出，宛如水墨渲染，无烟火气息。连钱骢（俗称菊花青）图油壶鲁葫芦，亦用此法烘出马身斑纹，惟笔力稍弱耳。

陈锦堂亦能火画，为押花所掩，故知者较稀，其技艺与李润三在伯仲间。

溥僴，字毅斋，清宗室，载瀛贝勒之子，名画家溥忻（雪斋）之弟，溥佺（松窗）、溥佐（庸斋）之兄，亦工绘事，以花鸟人物见长，戏作火画，自然出色当行。曾见所绘油壶鲁葫芦，花枝交亚，石上幽禽，有南田笔意。又紫藤花，蝶闹蜂忙，喧不伤雅。

管平（1897—1967），名画家念慈先生之子，号仲康，字平湖，以字行，即古琴国手，以《流水》、《广陵散》等曲闻名于世者。先生幼年从父学画，后为金北楼先生弟子，工仕女花卉，精通诸艺，栽盆花，养金鱼，畜鸣虫，无不高人一等。所绘葫芦，自然不同凡响，非李润三、陈锦堂所能梦见。曾见珠帘仕女图油壶鲁葫芦，雾鬓风鬟，冰肌玉骨，在王小梅、费晓楼之间，旁一鹦鹉，引颈立架上，似闻学语之声。曾以竹石图旋家模蝈蝈葫芦见赠，湖石玲珑多皱，略法陈老莲。竹为双勾，甚有法度，颇似李息斋。予什袭藏之，不忍用以贮虫。十年浩劫，竟不知去向，惜哉！

予年十七八，王珍赠我铁针二，粗香一束，学火画葫芦自兹始。王珍世居隆福寺孙家坑，自其祖始即设葫芦摊，粗知火绘，烫所谓"行活"在东西庙（隆福寺、护国寺）出售。予改其针形而自制多枚，大小、钝利各异，所画不止畜虫葫芦，兼烫鸽哨等（图版49—58），直至大学卒业后始知读书，弃不复作。七八年间，所画不下二百器。当年为虫友索去者已不可踪迹，所剩无几。今不辞自我矜夸之嫌，缕述火画工具及其基本方法，以供读者参考撷拾焉。

火画工具有新、旧两种。新者用电笔，旧者用香及针，二者各有利弊。电笔有电线相连，终觉累赘。旧者燃香生烟，烫时须手擎葫芦，高与眉齐，烟始不致迷目。予所用者为旧工具。分述于下：

一 粗香 粗如手指，长约一米，名曰"鞭杆子香"；又曰"子午香"，言可从子时燃烧到午时。除献神佛，亦可驱蚊蚋。当年在香蜡铺极易买到，今则须向香厂定制。长香截断备用，每段似笔管而稍长。

二 铁针 截自行车废条为之，每段长寸许，一端磨细如针，另端按需要锉使成形，再打磨光滑。针形主要有三：（一）画针。针端似尖而实圆，有如圆珠笔笔头，用以画一般线条。（二）烘

三 蜡烛 一根

四 镊子 一把

五 小木板 一块

六 小水碗 一具

将针尖扦入香之一端中心，只能扦入二三分，就烛将香燃着后，再将针垂直拄向小木板，始能徐徐扦入香中。待外露针头仅一二分，有如铅笔笔芯，即可以此烫花。如扦入过急，香易开裂。

更换铁针，可用镊子拔出，掷入水碗，再夹他针扦入。铁针温度可以调节控制。勾画轮廓宜重笔，需高温，当用完整之香头烧针作画。渲染片或面色贵匀，需低温，可夹去烧红香头三之一，或仅留其半，徐徐烘熨。火画时应随时将针拄向木板，以免外露过长。

火画程序先用铅笔在葫芦上打稿，次用画针勾轮廓及轮廓内主要线条，再用烘针熨出阴阳向背。以上只是一般画法，贵在随景运笔，灵活变通。例如烘针可借指腕之轻重、提按之变化，画出有粗细、深浅、飘忽、跌宕等多种意趣之笔划。有如作画，一笔而兼用中锋、偏锋、侧锋。一切应依需要定画法，并无一定之常规。至于拙绘葫芦所用方法，图版说明中略有述及，兹不复赘。

火画葫芦应藏诸囊匣，或用织物包裹，避免强光照射，如此可推迟其颜色变深，保持花纹清晰。大忌摩挲盘弄，致将烙痕磨泯。

插图 13

针。针端较粗，锉出斜面，略如马蹄，用以烘熨面或片。（三）刀形画针。刃扁而薄，宜用其刃划出细长均匀之线条如水纹、柳丝、马尾等。以上三种各有大、中、小（插图13），益以点苔用之平头圆针已有十枚矣。

五　押花葫芦

押花葫芦者，取质坚而润之物体，如玛瑙、玉、象牙、牛角等，磨成钝刃，押、砑、挤、按葫芦表面，使呈现有如浮雕之花纹。押不同于刻。刻无论浅深，受刻之皮与肌，必有所失，始生文理。押则皮、肌尽在，并无所失，且皮表不破不裂，方为高手。押宜施之于葫芦，因其皮韧质疏，受按押自然下陷，故借运刃之轻重，可生高低起伏，凹凸阴阳，有如画图。押如施之于竹、木（如紫檀、黄花梨等）、牙、角，质地坚硬，拒不受刃，饶用力气，依然光滑，又安能押出花纹！故"押"与"刻"为两种不同之技法。曾、莫两家合著《中国文饰葫芦》一文，对押花与刀刻不加区别而统称之曰刀刻（Carved）❶，殆昧于二者有明显之不同，致有此误。

前人有关押花葫芦文献，遍寻典籍，只得徐康《前尘梦影录》所记徐某一则："道光中叶有徐某，居城北，用玛瑙厚刀押葫芦阳文。尝见所制有三小儿斗蟋蟀图。册子❷，凡虫及牵草，小儿注视状，一垂髫，一作小髻，一双髦，面目各异，而阳文突起，极勾勒，不见一毫斧凿痕，如天生成花纹者。其盖即用本身之顶，或海棠，或葵花瓣，刀削之稍仄，掩上提携不坠。闻其性情孤僻，终身不娶。嗜酒，不与人共饮。偶制一枚成，携出即为人购去，大率一金一枚。得值即沽酒独酌，须酒尽再制。家无长物，囊无余资，绝不干人，品亦高矣。惟葫芦须北产方佳，每北客来，多购备用。生平不肯收徒，故无门弟子得其传,惜哉！"❸

《梦影录》所记多吴中事，故知徐某为苏州人。"北客来多购（葫芦）备用"一语，更可证明徐家居江南。其技法正是用玛瑙厚刃押出，故不见斧凿痕，与刀刻者大异。

传世押花葫芦所见不下数十器（旧葫芦新押者不在此数），多数已紫红，可用以畜虫，均不用本身之顶作盖，故无一件可定为徐某所作。其花纹题材，图案占十之七八，山水人物不过十之二三，有康熙、乾隆年款者亦不多，押者署名更未之见。至于押法，颇为一致，线条柔和，不伤皮与肌理，花纹突起不高，绝无犀利生辣之画面。其色紫久经摩挲者，文图却朦胧迷离，予人云遮月、雾中花之感。忆五六十年前，曾求教于京中畜虫耆宿，并质诸世代估贩如赵子

❶ Gerard Tsang and Hugh Moss: *Chinese Decorated Gourds*, International Asian AntiqueFair, p.62-75, 1983, Hong Kong，按其图 29 为刀刻葫芦，图 21-28、30-37 均为押花葫芦。

❷ 此处疑有夺文。"册子"当指南方斗蟋蟀所用之栅笼，亦名曰"册"。如以为是"画册"，误矣。

❸ 徐康：《前尘梦影录》卷下，《美术丛书》初集二辑四册，神州国光社民国排印本。

臣、王珍，皆认为色紫年深者乃"老押花杨"所作。进而请告杨氏名字，则无以对。至于年代，或谓大明，或谓清初，莫衷一是。对年代较近，色已深黄之押花葫芦，则笼统称之曰"老押花"或"旧押花"，以别于当时押花艺人陈锦堂、小雷及怯郭之作。据以上访问所得，只能作出以下之推断：清中期之前，北京有杨姓民间押花能手，因从不署名，又缺少记载，故已难道其详。久萦于念之疑问，如被称为老押花杨之作品是否尽出杨氏之手，此外尚有何押花艺人，杨氏押花有何特征，何为杨氏之代表作等等，迄今均难解答，仍待作进一步之研究考证。

以下略谈本书所收押花葫芦实例。瓜形图案鼻烟壶（图版33），龙凤纹夹扁葫芦（图版3），皆色泽紫红，押痕浅而柔，属于所谓老押花杨一类。福寿纹烟壶（图版34），颜色干黄，押法尚存古意，属于所谓"老押花"一类。曾、莫文中第二十一、二十三两器，亦属"老押花杨"一类，尤以前者（插图14）腹部缠枝团花，挤砑成文，较为标准。惟从养虫角度言之，腹过大而项过细，口小又有罗锅翻儿，蝈蝈难出好音。

近现代押花手陈锦堂、小雷及怯郭皆活跃于本世纪二三十年代。

陈锦堂，天津人，有巧思，多艺能，养鸟育虫，押花火画，优于侪辈，故赢得绰号"陈能根儿"。"能根儿"者，"能干"二字一音之转也。竟无人以"锦堂"相称而只见于葫芦款识。

锦堂生于晚清，1930年尚健在，曾在茶肆有数面之雅。是时予方寄兴火画，心仪溥毅斋、管平湖，以为锦堂之艺未能超越工匠，故不甚重之。且京津相隔，交往不多，亦未尝购藏其所制。

陈之押花，与小雷、怯郭颇有不同。陈喜作画景；雷、郭以图案为主。陈知花纹上宜再分层次，实例如曾、莫文中图三十菊花旁之山石（插图15）；

插图14

插图15

插图 16

插图 17

插图 18

插图 19

雷、郭惯在花纹上加划理，实例如曾、莫文中图二十八小雷押花山水纹瓶（插图16）。陈每取葫芦之胎厚者用力深押，使花纹高起，俾可多加层次。但不免因此而伤损表皮、肌理，出现裂痕。裂痕易积尘垢，不易清除，锦堂索性沿花纹边缘，一律染以墨色，以掩其迹。实例如曾、莫文中第三十四（插图17）、三十五（插图18）树石山水纹蛐蛐葫芦。此法为锦堂所独有，而不免贻人话柄。北京养虫家不喜花纹染黑，以为皮肉既伤，已大失古意。雷、郭更扬言："陈能根儿押花伤皮，算不了能根儿！"按伤皮固是瑕疵，但诋毁实含妒意。平心而论，锦堂押花，非雷、郭所能及。

小雷，北京人，身高而癯，短髭微黄，鼻尖目小，骨碌有神。年已古稀，人仍称"小雷"或戏呼之曰"雷不击"，亦不以为侮。少于锦堂约十岁，逝世在日寇投降后。久居城北，能鉴别葫芦，每夜拂晓前巡游德胜门鬼市，得紫红本长、官模子、三河刘等，分户致送，常得善价。各家所好，渠固了了于心。天然葫芦可裁切成器者，低值收得，押花后售与古玩店，以此给朝夕。其制工整有余，生气不足。器口常作蕉叶纹，器身每以龟背锦纹作外框，框内密划纹理，用以衬托花纹。貌似费工，实最省力，因只须划而不必押也。器上从不留姓名，而常署康熙或乾隆年制及赏玩，尤喜押道光某年行有恒堂制款。茶肆相见，有新作必相示，全不讳言赝古作伪。予尝建议不如专署某一年款，以免同一类制作在不同时期出现，易滋疑虑。渠笑曰："无妨，古玩店未尝不知吾之底蕴。"雷、莫文中图二十四至二十八五器皆出小雷之手，第二十五（插图19）、二十八且曾在其手中见之。

　　小雷年老目衰，生计维艰，曾在交道口土儿胡同膏药祝家任虫佣（冬虫把式）。铺东珍贵葫芦常在小雷怀中。不幸有所失落，无以取信于人，遂遭辞退，小雷竟潦倒以终。艺人困厄，亦可叹也。

　　京中称乡村人呆土俚陋曰"怯"。怯郭貌虽寻常，心实灵巧，不知何以得此绰号。其名凤山遂不为人知。渠幼年失学，以育虫为业，乃是罐家。又兼卖秋蛐蛐，任把式，并在蛐蛐局上奔走照料，可略有收入，押花则因卖葫芦而揣摩自学，限于文化修养，不及小雷，更逊于陈锦堂。但喜大言，若四座无人，滔滔不绝。予在高中读书时，初冬某日，在隆福寺茶肆与郭同桌对坐。渠手持所押葫芦示左右曰："押成我这样，至少得苦练十年！"予少年气盛，嗤其狂妄，出是日新购倒栽蝈蝈葫芦告郭曰："我没押过花，现在想学学，明天把它押完给您看，怎么样？"归途亟购骨筷一束，锉成刃具，尽一夜之力押成樱桃鸣禽图（图版70）。次日示郭，渠为之咋舌，从此不言苦练十年事。

　　骨筷作刃具，只为应急，坚而不润，并不适用。后经试验，象牙、牛角实胜玛瑙、玉石。其形有钝尖、斜刃、马蹄等式，亦分大小，与火画之针有相似处。

　　押花之程序为用铅笔在葫芦上打稿，次用小斜刃押轮廓，复次用马蹄刀砑轮廓外缘，然后押轮廓内文理。此时大斜刃可划出长线，钝尖可按出花蕊、苔点等。其间自有轻重起伏，亦贵有变化。或谓押花之前须将葫芦入水泡软，此纯属子虚，不可信也。

　　押花不失为装饰葫芦技法之一，惟为求不伤皮，遂难见神采。老押花杨之作，亦只堪称是工艺品而已。若深押以求增加层次，丰富表现能力，又有伤皮之虞。此一矛盾陈锦堂曾力图突破，但终无两全之策。由于押，须从笔划两边按砑，故款字皆过大，于是款识位置亦难摆放妥适。故予终觉押花不如火画更能随心所欲，运针如运笔。正复因此，予试押三五器后即中辍，并被虫友先后索去。今所存者，只第一次试押之倒栽蝈蝈葫芦耳。

六　针划葫芦

　　针划葫芦为甘肃兰州传统工艺品。葫芦乃一特殊品种，当地所产，单肚无腰柄，蒂微隆，大者如鸡卵，小者如荸荠，不留本，有如核桃，可以揉手，或纯作观赏之用。

　　葫芦秋老下架，刮皮干透后，打磨光滑，针划花纹，各种题材咸备，染墨使图文清晰醒目，实例如观音及山石乔木两枚（图版44），均属一般制品，曾见更为精细者。亦有针划与雕刻相结合，在不同部位透镂花纹图案，借以增加装饰效果。

　　兰州名艺人有李文斋，号子元，能书画，常以历史人物故事为题材，文字细小如粟，极工整，本世纪三十年代末逝世。此后又有回族艺人马耀良，亦以针划葫芦闻名。

　　针划葫芦为世所珍者皆极纤密，须用放大镜照之，始楚楚可见。顾予不喜微雕，故从未购藏，亦殊少留意。此篇只为备此一格，难辞简略之讥焉。

七　刀刻葫芦

刀刻葫芦，约有四种。

不论纯为天然，抑已裁切或范制成器，凡刻有铭文诗句，实例如杨椒山酒器，弘历御题纸槌式瓶（图版 23）；或文人墨客，画而后刻，实例如叶义医生旧藏之梅花纹葫芦（插图 20），皆属之。此其一也。

扁圆葫芦，透雕文饰，大都出自工匠之手，可以用作花熏，或夏秋间笼络纬，但与北京蝈蝈葫芦大异，此其二也。

形亦扁圆，煮染红色，利刃刻花纹，粗犷流畅，纯是民间风格（图版 59），当年乡间人盛布袋沿街叫卖，十数文即可买一枚，此其三也。

文学艺术家所刻葫芦极难得。民间刀刻，变化不多，故未能多举实例。寥寥二三百字，已尽欲言，与卷首诸论，殊难相称也。

插图 20

下卷

一　鸣虫种类与所用葫芦

人工孵育之虫使鸣于冬者，有蝈蝈、札嘴、油壶鲁、蛐蛐、梆儿头、金钟六种，所用葫芦皆不同。其所以不同，乃因其生活习性、身材大小有别。故言葫芦当自言虫始。

六种鸣虫可分为两类。蝈蝈、札嘴餐风饮露于丛草之间，求侣觅食于枝柯之上，不妨称之为"缘枝类"。油壶鲁等四种，夏末蜕衣于乱草瓦石之底，秋凉藏身于土穴石隙之中，不妨称之为"穴居类"。兹分别述之于下。

1. 缘枝类

一　**蝈蝈**（插图21.1）亦写作蟈蟈、聒聒或蛞蛞，字书称之曰络纬。络纬实蝈蝈一类鸣虫之总称，包括札嘴及南方之纺织娘等。

明刘侗《帝京景物略》称："有虫，便腹青色，以股跃，以短翼鸣，其声聒聒，夏虫也，络纬是也。昼而曝，斯鸣矣；夕而热，斯鸣矣。秸笼悬之，饵以瓜之瓤，以其声名之，曰蛞蛞儿。"[1] 潘荣陛《帝京岁时纪胜》曰："少年子弟好畜秋虫，曰蛞蛞。……此虫夏则鸣于郊原，秋日携来，笼悬窗牖，以佐蝉琴蛙鼓，能度三冬。以雕作葫芦，银镶牙嵌，贮而怀之，食以嫩黄豆芽，鲜红萝卜，偶于稠人广座之中，清韵自胸前突出，非同四壁虫声助人叹息，而悠悠然自得之甚。"[2] 按所谓"能度三冬"，未必是"秋日携来"之虫，而为人工孵育者。秋虫活至冬杪，百无一二也。

二　**札嘴**（插图21.2）似蝈蝈而小，翼较长，耸而尖，南方称之曰"札儿"。徐珂《清稗类钞》云："札儿全体绿色，长寸许，触角颇长，前胸背绿色带褐，翅梢短于体，上有凹纹如曲尺，发声器在右翅，薄膜透明，略似小镜，以左翅摩擦作声。尾端有毛四。栖息草间，秋日儿童多饲养之。"又曰："乾隆年末，有货札儿于江宁之市者，镂葫芦为笼，盖以玻璃而贮之，盖来自粮艘，天津德州间物也。"[3] 按札嘴产山东中部，实在德州之南。刘侗未言及之，因北京原无此虫。五六十年前罐家多孵育之，种虫即来自鲁中。近年北京已无人畜养，秋日街头亦未见有卖札嘴者。

缘枝之虫，高离地面，依其习性，容具宜有绰裕空间，故葫芦腰多偏上，且任其中空，不垫土底。正因其中空，

---

[1] 刘侗、于奕正：《帝京景物略》卷三，《胡家村》条，北京古籍出版社1982年排印本。

[2] 潘荣陛：《帝京岁时纪胜》，《蛞蛞》条，北京古籍出版社，1983年排印本。

[3] 徐珂：《清稗类钞》第十二册《动物》，页5667—5668，中华书局排印本。

插图 21.1

插图 21.2

插图 21.3

故口上只安体质极轻之有孔瓢盖，不加框子及蒙心，以免头重脚轻，容易倾仄。瓢盖更具备有利发音、便于更换诸优点。葫芦口内设铜丝簧，以防盖脱虫逸。此一设施，亦惟蝈蝈、札嘴葫芦有之。至于葫芦尺寸，蝈蝈大故大，札嘴小故小，其造型则基本相同也。

2. 穴居类

一 油壶鲁（插图21.3） 有油胡鲁、油乎卢、油胡卢、油壶卢等多种写法，似蛐蛐而大。刘侗曰："促织之别种三，肥大倍焉者，色泽如油，其声呦、呦、呦，曰油胡芦。"❹富察敦崇《燕京岁时记》曰："又有油壶卢，当秋令时，一文可买十余枚。至十月则一枚可值数千文。盖其鸣时铿锵断续，声颤而长，冬夜听之，可悲可喜，真闲人之韵事也。"❺

二 蛐蛐（插图21.4） 即蟋蟀，亦名促织。刘侗曰："考促织，《尔雅》曰：'蟋，天鸡。'李巡曰：'酸鸡。'郭璞曰：'莎鸡，一曰樗鸡。'《方言》曰：'蚟孙，一曰蜻蛚。'《尔雅翼》曰：'蟋蟀生野中，好吟于土石砖甓下，斗则矜鸣，其声如织，故幽州谓之促织也。'"❻按北京养田野天生蛐蛐，以其善斗；畜人工孵育蛐蛐，只为能鸣。前者入冬已老，甚难养到岁末；后者身孱牙软，全无斗志也。

三 梆儿头（插图21.5） 刘侗曰："促织之别种三：……其首大者，声梆、梆，曰梆子头。"❼身材似蛐蛐而略小，头部宽阔成三角形，向前突出，状似棺木之前端，故南方称之曰"棺材头"。性野善跃，迅捷不易攫捉，其声短促，无悠扬之致，故养者少而育者稀。

四 金钟（插图21.6） 刘侗曰："有虫黑色，锐前而丰后，须尾皆歧，以跃飞，以翼鸣，其声蹬棱棱，秋虫也。暗即鸣，鸣竟刻，明即止，瓶以琉璃，饲以青蒿，状其声名之，曰金钟儿。"❽富察敦崇曰："金钟儿产于易州，……七月之季，贩运来京。枕畔听之，最为清越。韵而不悲，似生为广厦高尚之物。金钟之号，非滥予也。"❾按北京秋日卖金钟，多称来自十三陵；实处处有之。喜群居，与蛐蛐大异。多在乱石中，或刺刺秧下❿，甚难获得。捉者以

❹❻❼❽ 刘侗、于奕正：《帝京景物略》卷三。

❺❾ 富察敦崇：《燕京岁时记》，北京古籍出版社1983年排印本。

❿ 刺刺秧为一种茎上有小刺之蔓草。刺，音lá。

插图21.4

插图21.5

插图21.6

去瓤西瓜扣如覆磬,夜置晨取,群聚其中,一举可得多头。

穴居类四种鸣虫,终其身不离土壤,为适其习性,所用葫芦皆垫土底。腰多偏下,俾可与底之斜坡相接,否则有碍发音。垫底葫芦,重心在下,故口上可以安框子及蒙心。油壶鲁葫芦粗于蛐蛐葫芦,乃虫之大小有别使然。梆儿头葫芦视蛐蛐葫芦细而高。为防其逃逸。金钟葫芦又粗于油壶鲁葫芦,因每养必双,且可两对雌雄同贮一器。所有鸣虫,一器只畜一雄,喜群居者,仅金钟一种。

兹取六种葫芦之比较标准者,依原大绘图,并标明各部位名称于侧,俾读者一览可得(插图22.1—22.6)。明乎此,则葫芦入目便知为畜养何种鸣虫者。电视剧《末代皇帝》有幼年溥仪玩蝈蝈一幕,即误用油壶鲁葫芦作为蝈蝈葫芦。近年海外拍卖图册,文物广告,以至博物馆刊物,对各种葫芦一律称之为Cricket Cage,仿佛鸣虫只有蟋蟀一种,而且常将四种穴居类鸣虫葫芦之框子、蒙心安装在蝈蝈葫芦之上,实因昧于虫之习性,缺少养虫知识之故。今不辞喋喋絮絮,盖欲辨正谬误,并阐明其所以然。养虫虽小道,亦积数百年之经验,方法之沿袭,器用之定型,皆有科学根据,始逐渐形成习惯,故个中大有讲究。不作调查研究,只凭想象以为如何如何,则未有不误者矣。

插图 22　六种鸣虫所用葫芦示意图及葫芦各部位名称

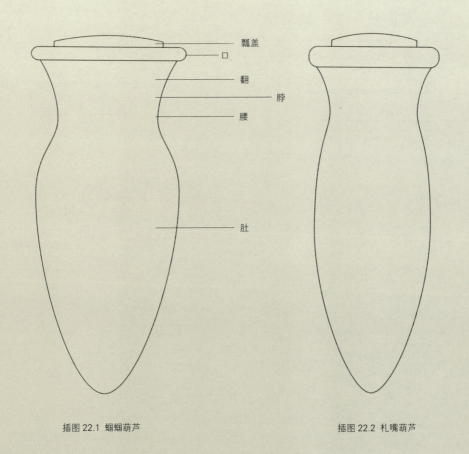

插图 22.1　蝈蝈葫芦　　　　　　　　　插图 22.2　扎嘴葫芦

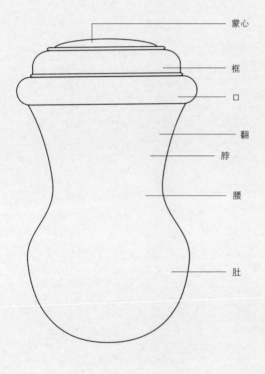

插图 22.3 油壶鲁葫芦

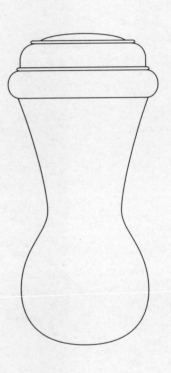

插图 22.4 蛐蛐葫芦

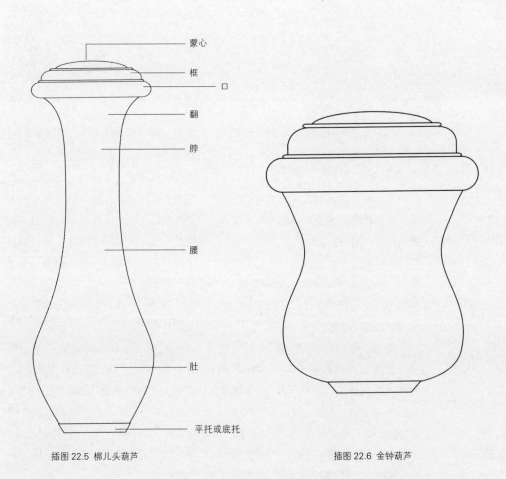

插图 22.5 梆儿头葫芦　　　　　　　　　　插图 22.6 金钟葫芦

二　畜虫葫芦各部位分述

葫芦各部位名称已见前图，兹自下而上，分别述之。

一　平托　平托，一名底托，惟切去蒂柄之倒栽有之，用象牙、牛角或硬木圆片粘贴底部，使葫芦直立不倾，兼起加固保护作用。如裁切较多，切口中空，则圆片宜起小台，镶入切口，有如榫枘相接。倘蒂部突出不高，则不必裁切，而用厚托挖凹槽以承之。平托之制，悉视葫芦之造型而定。

二　肚　葫芦下半圆形部分为肚。蝈蝈、札嘴葫芦肚皆中空，油壶鲁等四种葫芦肚内垫土，通称"垫底"。底有20—30度斜坡，斜坡高处与腰之内壁相接。中心微凹，略如圆匙。底用三合土（黄土、白灰面、细沙）垫成。垫前须筛细并加水分，以捏之成团，搓之即散为度。如纯用三合土嫌底太重，可用粗草纸润湿后，捏成团垫入葫芦底，其上再垫三合土。垫底有特制工具，细木棍一端镟成马蹄形，名曰"压子"，用以按压三合土，使结实成形并砑押光洁。底干透后用孩儿茶（儿童用中成药）煎汁涮过，染成深褐色，宛如多年陈底。

三　腰　葫芦收束细小处为腰，在肚之上。腰之内部空间曰"膛眼"。蝈蝈有大小不同品种，故膛眼出入较大。大者可容四指，小者只容二指。札嘴葫芦如小型蝈蝈葫芦，膛眼约二指。油壶鲁葫芦膛眼一般为二指半，蛐蛐为一指半。梆儿头葫芦膛眼与蛐蛐同，只身材较高。金钟葫芦膛眼可容三指至四指，宽大以适其群居习性。

四　脖　自腰而上渐渐向外舒展部分为脖。葫芦之长脖者曰"雁脖"。

五　翻　自脖而上直到葫芦口曰"翻"，言其向外翻出。脖与翻皆贵在线条柔婉，即所谓"活脖活翻"。翻之大小须与肚相称，如小于肚，曰"亏翻"，如大于肚，曰"叉（音 chǎ）翻"，皆不足取。肚、腰、翻三者比例适当，曰"三停匀称"，方是佳品。

六　口　葫芦上所镶之圆圈曰"口"，六种鸣虫葫芦均有之，用硬木、象牙、虬角等物质镟制，胶粘牢固。清至民初时期口扁而薄，有时有棱。本世纪三十年代以远，口尚肥厚，圆而无棱。故据口之状态可判断葫芦安口之时代。亏翻之葫芦可用口顺翻势向上接出，名曰"接翻"。

七 簧 蝈蝈、札嘴葫芦口内设铜丝盘成螺旋形装置,其名曰"簧"。有此,葫芦盖虽脱落,虫亦不致逸出,且可保护虫之长须(触角),不致因伸出盖孔而断折。或谓铜丝颤动,可以发音,纯属欺人之谈。油壶鲁等四种鸣虫葫芦无此装置。

八 瓢盖 亦惟蝈蝈、札嘴两种鸣虫葫芦有之。裁切大匏,锉成圆片,钻圆孔若干即成。制成后,染红色或紫色,本色者尤为朴雅。瓢质轻而松,有利发音,真正养虫家无不用此,其值甚微,却大有讲究。为使鸣虫发音达到最佳效果,须不断试用不同厚度、不同孔数(一般非五即七)、不同孔径及孔聚、孔散之瓢盖以求之。故一具葫芦往往备数块瓢盖。善试用不同瓢盖,能分辨音响之异并选用其效果最佳者,方是行家里手。而夸豪斗富,追求华美,用象牙作盖,甚至将油壶鲁葫芦之厚框子、高蒙心安装到蝈蝈葫芦之上,设非为卖与洋人,谋求高价,与好龙叶公何殊!

九 框 亦称框子,安在口上之圆圈,惟油壶鲁等四种鸣虫葫芦有之。用料厚薄之变化与口同。近年天津更流行特高之框,尤不足取。

十 蒙心 为使虫鸣声闻葫芦之外,框子之内镶嵌圆形镂空雕刻,名曰"蒙心"或"蒙子"。此饰件惟油壶鲁等四种鸣虫葫芦有之。蝈蝈、札嘴葫芦口上安瓢盖,不用框子,故无法安装蒙心。

蒙心用槟榔瓢、象牙、玳瑁、虬角、黄杨、硬木、玉石、翡翠等材料制成。

槟榔瓢乃北京养虫家通用名称,实即椰子壳。因椰子、槟榔树形相似,同属棕榈科,故有此名。所制蒙心,简称"瓢蒙心"或"瓢心"。常见者为深褐色,间有黄色者,曰"黄瓢心"。瓢蒙心受材料之限制,多为平片,或微微隆起。少数利用壳上突出之尖,雕出稍高之花纹。瓢蒙心一般用两片粘成,朝上一片文饰较繁,朝下一片,其名曰"屉",只镂简单图案如胡椒眼、古老钱之类。屉之设为遮挡虫须伸出蒙心,以免伤损,并可防止油壶鲁啃伤蒙心。以下将述及之各种蒙心,大多数亦设屉。

象牙蒙心不受材料之限制,故有高有低,相去悬殊。平片者与瓢心同。稍高者平起如圆台,曰"平顶式",穹然隆起者曰"馒头顶"。有高起一寸乃至两寸余者,曰"高蒙心"或"高牙心"。亦有物象周匝镂剔空透,又不使其脱落,故一触即动,名曰"动心子"或"动蒙心"。实例如晚清制刘海戏蟾蒙心。刘海立蟾背,两手握钱串,钱皆可旋转。蟾三足,滚滚海涛卷而过之,故人与蟾皆可活动。其刀工虽精,人物形象则殊庸俗。唐三藏取经活动高牙蒙心亦为同一时期之制品。牙蒙心有染绿者,通称"呛绿"。清宫内务府档案有时写成"茜绿"或"茜色",不知何据❶。实物如文三制染绿梅花纹牙蒙心。亦有绿白两色者,其制法为雕后通体染色,染成后,地子铲去一层,露出象牙本色,遂成白地绿文。亦有染红、染绿等多种颜色者。

玳瑁,即海龟甲,多为紫褐色。有浅色者,名曰"冰糖玳瑁";有紫红色者,颇似琥珀;有深浅两色相间,可据颜色分布,设计花纹,巧制文图。清代玳瑁蒙心多为平片,本世纪初始出现高蒙心,乃将甲片加温,以模充顶成形后再施雕镂。其活动者以双龙、海八怪、十二蝠、十二鹤等为题材,名曰"两动"、"八动"、"十二动"。凡生物之翼、足、颈、尾、

---

❶ 按"茜"为茜草,乃红色染料,故象牙染红有"茜红"之称。后人不解,将茜作为动词,加于各种颜色之上,遂有"茜色"、"茜绿"等称。

皆有云气或波涛环绕，镂镂空透，故皆可活动，轻摇之欶欶有声。据雕工言，玳瑁加温，柔韧不脆，故小形物象得另取零星材料雕后嵌入，并非全仗镂刻，不知底蕴者每为所绐。亦有象牙蒙心嵌玳瑁雕饰者，或玳瑁蒙心嵌象牙雕饰者，乃失手伤损后，借此补救。故真正精制之蒙心，却是不动、不嵌、不镶者。此惟真识者知之，不足为浅人道也。

槟榔瓢、象牙、玳瑁三种物质为制蒙心主要材料，虬角以下几种物质制者比较罕见。玉石、翡翠等太重，根本不适宜作蒙心。好事而斗富者或不惜重金定制，不值养虫家一笑也。

制蒙心亦有名家，虽从不署名，识者亦能知其大略。最有名者为白二、文三、常连祖孙三代。白二所刻多瓢心或平面牙心。刀法简练，貌似粗糙，却见神采。实例如太狮少狮瓢蒙心。文三常刻象牙，用料厚于乃父，平顶者居多，刀法圆润精到，构图亦有法度。实例如龙凤纹牙蒙心。父子火画风格之差异，亦正是雕刻风格之差异。常连刻件兼用瓢、牙、玳瑁三种材料，至本世纪二十年代始专刻高玳瑁蒙心，穿枝过梗，叶叠花重，精细绝伦，仁义顺葫芦店诸工，难与抗衡，遗作有牧牛图瓢心及梅花纹、牵牛花纹等玳瑁心。北京沦陷后惜染海洛因恶疾，竟潦倒以终。

象牙高蒙心首推李润三。所谓"叫五子"乃其首创，鸡笼疏透，中伏一雌，翼下覆五雏，或探头，或紧偎，或半露，喔喔唧唧之声，仿佛相应。老友金疯子有所制圆雕月季花蒙心，高二寸，一花一蕾，一枝一叶，无不玉润珠圆，宛如浥露。在当时象牙雕刻艺人中，润三亦堪称高手。

象牙、玳瑁蒙心均有所谓"广做"者，雕制年代自清中期至民国初期，刀不藏锋，多见棱角。高牙蒙心中亦有广东制者。按粤中牙雕技艺甚高，颇疑葫芦蒙心出于一般工匠之手，故精美者不多见。

百数十年来除高牙蒙心变化不大外，其他蒙心之发展趋向可概括为直径由大变小，尺寸由矮转高，此与听鸣虫之"本叫"抑"粘药"有直接关系，将于《鸣虫之畜养》一章中言之。

高牙蒙心虽华美精细，陈置茶肆桌上，即有人围观，啧啧称赞，但只堪炫耀外行，实不足取。其弊有三：妨碍鸣虫发音一也，使葫芦头重脚轻，易于倾仄二也，葫芦套上之绦索稍不慎即与象牙雕刻纠结勾挂，极易伤损三也。何况雕刻艺术多不高，庸俗不耐观赏，即使有佳者，亦不过一件晚清牙雕而已。故真正养虫家宁可为上好葫芦耗资，不愿为高牙蒙心破费。论其价值，实不及白二之瓢、文三之牙、常连之玳瑁诸制也。

十一 套 葫芦有囊护之，其名曰"套"。套可用锦、缎等丝织品为之，其高约与葫芦口框相等。缘套口缀双层薄绸两片，细绦穿之，可抽紧挽结，以防蒙心及框子脱落。套墙有实纳者，针密如鱼子；有素缎绣花者，如用旧锦，尤为古雅。墙及底宜软硬适中，太软葫芦难以立稳，太硬不便入怀。套里及套口薄绸，大忌颜色鲜艳，水湿走色，沾染葫芦，悔之莫及。

三　秋山捉蝈蝈

冬日鸣虫，皆购自罐家，惟蝈蝈有取诸野生者。盖因蜕衣成虫（俗称"脱大壳[音qiào]"，此后始有翅而能鸣），早晚不齐，如得晚蜕者，饲养得法，可活至冬日。更以山中所生，身强体硕，力大声宏，远非人工"分"者所能及。故养虫家皆谓："要过瘾，只有山蝈蝈。"三十年代，管平湖先生过隆福寺，祥子出示西山大山青，其声雄厚松圆，是真所谓"叫顶"者。惜已苍老，肚上有伤斑，足亦残缺，明知不出五六日将死去，先生犹欣然以五元易归（当时洋白面每袋二元五角），笑谓左右曰："哪怕活五天，听一天花一块也值！"此时先生以鬻画给朝夕，实十分拮据。1955年与先生同就职中国音乐研究所，每夜听弹《广陵散》。余于灰峪捉得大草白，怀中方作响，先生连声称"好！好！好！"顺手拂几上琴曰："你听，好蝈蝈跟唐琴一弦散音一个味儿。"时先生已多年不畜虫，而未能忘情，有如是者！

野生蝈蝈有数种。南郊平原所产小而绿，花生地者尤青翠欲滴，老年妇女多钟爱。西北郊野亦处处有之，身稍大而色较深，曰"地秸子"，所值均不过数文。惟山蝈蝈索高价，问津者皆为此道中瘾君子。

西山蝈蝈曰"西大山"，著名产地近有灰峪、孟窝，远有代城峪、安子沟。东山所产曰"东大山"，东、西葫芦峪颇有名。北山以秦城牛蹄岭、上庄、下庄产者为佳。北京罐家及虫贩多于处暑前后由京郊或山东捉蛐蛐归来，至秋分业已售罄，再上山捉蝈蝈，寒露前后回城，此后专心"分"虫，不复外出矣。

养虫家绝少自捉自养者，捉蝈蝈之劳累不亚于"拉练"急行军，而余独好之，不以为苦。五十年代，灰峪、孟窝即有佳者，或当日往返，或寄宿军庄小店，次日回城。"十年浩劫"中，除非禁锢在"牛棚"，秋分、霜降间，晴朗之日，常在山中。生逢乱世，竟至国不成国，家不成家，无亲可认，无友可谈，无书可读，无事可做，能使忘忧者，惟有此耳。惜西山近处，由于污染，蝈蝈已稀少，且无佳者，不得不远往安子沟或牛蹄岭。当时每月领生活费二十五元，实无余资乘长途汽车，只有骑车跋涉。半夜起程，抵沟嘴或山麓，日初升，待入沟或越岭，已上三竿，而蝈蝈方振翅。午后三时即返回，入城已昏黑多时。骑车往返百数十里，入沟登山，往往手足并用，亦不下二三十里，迨至家门，臀腿早已麻木，几不知如何下车。巷口与邻翁相值，见我衣衫零落，狼狈不堪，笑谓："你真跟打败了的兵一样。"此语诚对我绝好之写照。私念得入山林，可暂不与面目狰狞、心术险恶之辈相见，岂不大佳。夜蜷铺板（床已被抄走），虽力尽精疲，亦未尝不默感上苍，于我独厚，使又得一日之清静也。

山村童竖捉蝈蝈，只用两指捏虫项，十得八九，瞠乎莫及。顾余所用具，亦殊简陋。罩子一把，线手套一只，席篓内纸盒数个而已。此外干馍五六团，清水一壶，可尽一日之游矣。

养虫家捉蝈蝈，要好不要多，得一二叫预者，三五亮响，分赠同好，便不虚此行，自与虫贩多多益善有别。故涉涧穿峡，登坡越岭，一路行来，聒聒之声不断。待听有叫预者始驻足侧耳，分辨传来方向，循声蹑足，渐趋渐近，直至所栖之丛木枝柯。山蝈蝈随时序而变颜色，与周围之草木多相似，虽近在咫尺，不闻其声，不知其所在。且性黠而动捷，或闻步履，半晌寂然，或窥人影，倏忽下坠，落入草中，疾驰遁去，不可踪迹。闻其声也佳，见其形也美，故逸去而志在必得，则只有就地蹲伏，耐心等待。有顷，始再作声，初仅三五响，短而促，或尚在近处，或已移往他许。此时仍不可少动，应俟其惊魂稍定，鸣声渐长，徐徐爬出草丛，又缘枝柯而上，攀登已稳，泰然振翅不停，始可看明方向位置，枝叶稠疏，相度如何接近，如何举罩相迎，方可攫捉。此时往往荆棘在前，芒刺亦所不顾，故血染衣袜，或归来灯下挑刺，皆不可免。捉时左手擎罩，右手戴手套，骤然掩之，受惊一窜，正入罩中，此时我与蝈蝈，皆怦怦心动，只一喜一惊，大不相同耳。倘袭而不中，又落草中，只有再等待，而所需时间，必倍于前。倘天色有变，浮云蔽空，则更不知将等到何时。因惟有阳光照射，蝈蝈方肯振翅。余尝于某周末在秦城大山包阴坡喜遇叫预大山青，三捉三逸而日已西趖。次晨须出勤，竟不惜请假一日，终为我得。

以上云云，尚属山坡岭背，有径可通者。如蝈蝈绝佳，又高在峭壁危崖，则只有腰围绳索，一头在树石上系牢，始敢探身攫捉，此又非手脚矫健、捷如猿猴者不能为。当年刁元儿、陆鸿禧皆以善捉他人所不敢捉者闻名。尝见渠等在东西庙，游人正多，手托蝈蝈，大声宣讲虫声之优异，山形之险恶，攫捉之艰难，不禁唾花横溅，色舞眉飞。以此招徕主顾，夸诩侪辈。

京郊诸山，安子沟最险，蝈蝈最大。由潭柘寺折向西南，迎面高起者为松树岭。越而过之，健者亦须半日。又五六里，抵代城峪，下坡再三里，入安子沟。沟长三十里，陡坡峭壁，聒聒之声不断。此为五十年前光景。"文革"中，骑车前往，岭下凿山洞，公路已通，飞车而过。交通虽便，但沟中蝈蝈稀而小，大不如前。迨1973年干校归来，汽车直达代城峪，而入沟一二十里，只闻两三蝈蝈声，败兴而返。山村人言，果树皆施农药，生态破坏，殃及蝈蝈。至于京郊平原，"地秸子"更早已绝灭。当年朱六爷、管平湖大葫芦叫大蝈蝈，其声嗡嗡然，已成陈迹，只堪缅然追忆矣。

四　育虫与选虫

《汉书·召信臣传》："太官园种冬生葱韭菜茹，覆以屋庑，昼夜燃蕴火，待温气乃生。"❶此为我国用温室培植冬日蔬菜之较早记载。以同法育虫，使喧啾于夏秋者，破严冬之沉寂，始于何时，有待考证，但至迟明末已有从事培育者。刘侗《帝京景物略》称："促织感秋而生，其音商，其性胜，秋尽则尽。今都人能种之，留其鸣深冬。其法土于盆，养之，虫生子土中，入冬以其土置暖炕，日水洒绵覆之，伏五六日，土蠕蠕动，又伏七八日，子出白如蛆然。置子蔬叶，仍洒覆之，足翅成，渐以黑，匝月则鸣，鸣细于秋，入春反僵也。"

培育鸣虫，京中称之曰"分"（音 fēn），专业者用直腔瓦罐作工具，故曰"罐家"，三四百年来其法无大异，今不妨更言其详。

蝈蝈、札嘴与油壶鲁、蛐蛐等习性不同，故"分"法亦分别言之。

蝈蝈及驹子（蝈蝈之雌者曰"驹子"，背上无翅，尾有长枪，可能状似马驹，故有此名），山中捉归，置大罐或篓子中，底垫土层，使生子于内。筛土取子，似米粒而细长，植入浅盆（俗称瓦浅儿）沙中，置温室炕上，不时水洒日晒，促其生长。惟自秋徂冬，为时过短，即使催育，破卵后尚须蜕衣（术语曰"脱壳"）七次，方能成虫，故最快已是来春三四月间，早逾冬日养虫季节。罐家验知催育不可行，改为推迟，使本当来春破卵出土者，推迟至八九月间，于是成虫恰好在初冬，此罐家所谓"压子"法。故冬日上市之蝈蝈，乃出自去年所生之卵，甚至有出自前年或更早所生者。

蝈蝈卵呈绿色，经培育，由细而粗，迎日照之，可见两黑点自一端生向另端，此为蝈蝈之双目。待达彼端，名曰"封顶"，而破卵将出矣。育者每据双目之高低，预测破卵之时日，决定温湿度之增减。总之，罐家日夜以求者，乃使蝈蝈成虫于初冬，非如此不能利市十倍。而不早不迟，恰如人意，端在温、湿度调节与控制。

蝈蝈蜕第三壳，已可分辨其性别，雌者被淘汰，雄者放入小瓦罐或花盆中，每器一头，上蒙冷布，饲以羊肝豆泥。待蜕五六壳，器内架秫秸两段，横直各一，供其栖止。蜕大壳（第七壳）多在夜间，六足抱秸秆，窍自背脊裂开，倒

❶ 班固：《汉书》卷八十九，《列传》第五十九《召信臣传》，上海古籍出版社1986年《二十五史》本。

悬而蜕。此时须张灯看守，精心护理。因初蜕出，孱弱无力，倘失足跌落，难免腿弯翅卷，蜕成畸形，前功尽弃矣。蝈蝈每蜕一壳，必须将蜕下之衣，趁未干时食尽，通称"吃壳"，最后一壳尤为重要，否则数日内必死去，通称"落（音 là）"。死后身软如泥，因赖以支撑身躯之物质，竟在蜕下之衣中。此则札嘴、油壶鲁、蛐蛐等鸣虫皆然，不仅蝈蝈一种。

近年天津有人创大棚分蝈蝈法，温室内播麦黍，秧瓜豆，任其自行觅食，自由生长。虽突破陈规，获得成功，可节省人力，大量培育，惟成虫体小，与旧法培育者相去颇远。

札嘴分法与蝈蝈同，惟雌雄成虫均须从山东捉来生子。当年常有贩虫者至京，沿街叫卖，而将成对札嘴送往罐家，供生子蓄挚。

同为分蝈蝈，优劣大有等差。相虫者要求翅宽而长，或虽不太宽而甚长，曰"筒子膀"；翅贵厚，翅上有筋，筋贵粗；盖膀近项处有沟，沟贵深；两翅交搭贵严，不严者曰"喝风"，不足取；两翅至尖贵高耸，低而贴在肚上曰"叭拉膀"，不足取；身贵大，尤贵头大，因头大身自大。蝈蝈初脱壳，肚收缩未下，但观其头，即可知其下肚后身之大小。

油壶鲁、蛐蛐等四类鸣虫，皆分别生子瓦罐土层中，因太细小，不复筛土另植，是为"子罐"。上炕水润后，破卵出土，密如游蚁，人口嘘气吹入另罐。罐内土层上叠放榆树皮，片片交搭，凡四五层。上铺白菜叶，调玉米面煮成糜粥，敷叶上饲之。菜叶每日一换，榆树皮两三日洗刷一次，是为养罐。三四壳时，油壶鲁色黑如墨，只腰间有白线一匝。蛐蛐色较浅，脱大壳后始转深，故有"黑虫"与"白虫"之称。此时已可用鸡翎拂之入瓷盏，将雌者汰去。至五六壳，择其大者，集中一罐，加食喂养，待其脱大壳，是为"脱罐"，又称"起罐"，言将从此起出成虫也。自出卵至成虫，约七日脱一壳，共需五十日。其中除梆儿头养者不多，所需甚少，每附生于蛐蛐罐中，余皆分罐培育，不使羼混。

油壶鲁、蛐蛐生子后即催育，成虫亦常恨太迟，而压子又难压至次秋，于是罐家又创"倒子"之法。即当年之子，使提前在今冬或明春成虫，再用其子孵化，据其出卵之迟速，决定倒一次或两次，总之，务求其成虫恰好在初冬，故曰"倒子"。其理易晓，法亦易行，但老罐家告我清末民初，知"倒子"者不多，尚属不传之秘，仅少数罐家年年以此获利，其后则广为人知矣。

大罐家多辟专室，筑暖炕，大罐小盎，高叠过人。室内灯火通明，热蒸如浴室，赤背短裤，操作达旦。未晓，行贩已围坐外室，帘开送虫出，每人取数十头而去，名曰"发货"。其最佳者，早已装入小瓷缸，罐家将亲自持送特殊主顾。次佳者则在茶馆出售。特殊主顾者，每年供给煤火之资，而青黄不接时，亦不免登门求贷。二三十年代，罐家甚多，四面陈、长腿王在前，继有赵子臣、润瘸子、杨永顺、小祥子、小梁子、怯郭、小寇、王更子、戴八等不下数十户，已不能尽忆矣。

虫以翅鸣，故贵贱等差，除身大胜于身小外，悉视其翅为稀有抑寻常而定。其中尤以油壶鲁之佳者价值最高。所谓稀有乃指两翅生长异常，不知者将误以为另一品种。最难得者曰"大翅"，后

插图 23.1　笨油壶鲁

插图 23.2　长膀子油壶鲁

插图 23.3　大翅油壶鲁

端宽而长，覆盖其身。曰"尖翅"，长若大翅而宽略逊。曰"长衣子"或"长膀子"，宽长皆不及大翅，但仍超过常虫。以上均千虫万虫，难有一二，故罐家统称之曰"邪相儿"。以下则为"好膀儿"，实指一般油壶鲁之佳者。复次则为寻常之虫，名曰"笨油壶鲁"（插图23）。

"大翅"、"尖翅"等虽非畸形，亦属变体，故难免有翅动而不发声，或发声而不悦耳。但亦确有鸣声雄而宏，恍若黄钟大吕，不同凡响，其可贵正在此。据余所知，三十年代赵子臣曾以一大翅所得，易麦穗羊裘一袭，其身价可知。惟罐家送呈特殊主顾，多在油壶鲁初蜕壳，尚不能鼓翅之时，此后是否一鸣惊人，抑徒有其表，尚难肯定。一旦知为弃材，罐家从不归还所得，不过相见时跪腿请安，说一声"某某爷，下回补付您"而已。

"大翅"、"尖翅"实非我辈力所能及，罐家亦不出以相示，而"好膀儿"及笨油壶鲁中自有鸣声甚佳者。

选油壶鲁贵在身大、翅宽而头小。色贵青（黑色）或紫，黄者多因脱壳时过热所致，名曰"顶火"，其翅透明而薄。翅贵长而宽，翅筋贵粗而突起。两翅交搭贵严，以利相擦发音。不严者曰"落（音là）膀"，罕有佳者。飞子（翅下两片色较浅之翼，可借此飞行）贵在合成一线，伸出翅外，曰"线飞子"。粗糙不齐者曰"烂飞子"，不为人喜。

选蛐蛐法与上同，亦有"大翅"、"尖翅"、"长膀子"等，价格不及油壶鲁之半。梆儿头、金钟甚少有翅大异常者，一般只以大小论优劣。

五　鸣虫之畜养

霜降前后，已凉未寒，罐家榆树皮下已有脱大壳者，此后成虫日多，渐入分虫旺季。养虫家似有无形之手搔其心曲，竟不耐家中坐，巡庙市，诣罐家，冀有所得。秋声不感人于秋而感于冬，畜虫之癖使然也。

油壶鲁、蛐蛐壳初蜕，色苍白，随食壳而转黑，此时慎勿受寒，入葫芦而纳于怀，温而不燥，于虫最适。第衣衫内外，冷暖不齐，蝈蝈、札嘴宜在贴身最暖处，油壶鲁次之，蛐蛐、金钟又次之。

当年不论御长袍或短袄，皆右衽，以带束腰，围身皆可揣葫芦。养虫家怀中不过三五具，多则两肋不适，气迫难舒。罐家则有揣至前胸突出，后背如驼者。

养虫家多备圆笼、汤壶、毡棉裹之，周匝安放葫芦及山罐（有釉小陶罐，薄铁为盖，底垫土，可养油壶鲁、蛐蛐等四种鸣虫），每日晨昏或一昼夜换沸汤一次。此为"蹲虫"之具。"蹲"者谓暂置于此，俟其振翅发声，再选其佳者入怀。

初蜕虫不能鸣，旬日后方振翅，半响一二声，名曰"拉膀"。又旬日，连续而渐长，曰"连膀儿"，选虫斯其时。顾一二十虫在一笼，鸣声此歇彼起，不知入选者究在何许。予每坐圆笼旁，卷长纸筒凑近葫芦，侧耳寻之。老妻笑我嬉戏如顽童而静肃又若老衲，拈笔速写如图（插图24），并以"听秋"名之。

为使虫鸣，亦另有法。选兔须之长而有锋者一茎，用蜡粘于长针针鼻一端，名曰"鞭儿"。两指捻针，针转须动，须锋拂虫身，虫以为雌来相亲，或雄来进犯，遂振翅而鸣。借此亦得知虫之鸣力及音响。惟其声或柔或急，与其平时

插图24　世襄听秋图（袁荃猷速写）

鸣声不尽相同耳。

连膀后之四五十日，其鸣最佳，此后声渐小而嘶，曰"落（音lào）调"。迨其将死，又默不作声矣。

油壶鲁、蛐蛐等鸣于夜，如不嫌其扰人清梦，则不妨听其自然。若欲以虫会友，鸣之于茶肆，则惟有夜晚降温，使其噤声。如是数日，方能颠倒其习性，鸣于白昼。

蝈蝈、札嘴乃日间鸣虫，以其聒耳，只养一两头，亦可入圆笼，惟在怀时为多。犹忆就读燕京大学，邓文如先生在穆楼授《中国通史》，某日椅近前排，室暖而日暄，怀中蝈蝈声大作，屡触之不止。先生怒，叱曰："你给我出去！是听我讲课，还是听你蝈蝈叫！"只得报然退出。同学皆掩口而笑。此后谒先生，未再受呵责。两年后季终命题《论贰臣传》，呈卷竟予满分。盖先生未尝以学生之不恭而以为终不可恕也。

饲养油壶鲁、蛐蛐等，每日用水或茶洗涮葫芦一次。白菜嫩帮切成小块，约三四分见方，厚分许，豌豆面调水成泥，抹其上，镊子夹入葫芦饲之。有菜垫底，可保持葫芦清洁。蝈蝈、札嘴则须放出葫芦，将豆泥送到嘴下饲之，曰"捅着喂"。尤喜食活虫，玉米秧、苇子秆中剥出者为佳。

欣赏虫鸣，分"本叫"与"粘药"（亦称"点药"）两种。本叫乃天然鸣声，粘药则点药翅上，变其音响。所谓"药"，乃用松香、柏油（或白皮松树脂）、黄蜡加朱砂熬成，色鲜红，近似缄封信函之火漆，遇热即融，凉又凝固而酥脆。虫连膀约半月，翅干透，音亦定型，始可用药点之。

粘药之目的在借异物之着翅以降低其振动频率，于是虫声之本高者，低矣；尖者，团矣。能使一般之虫声预而沉，恍若大翅、尖翅。当然，大翅、尖翅之佳者，自非粘药之虫所能及，至多差似而已。

粘药不知始于何时，其设想之巧妙，非殚精竭智不能得，而方法之符合声学原理，又不禁使人惊叹。相传清末宫中内监悬蝈蝈笼于松树下，一日忽闻鸣声大变，苍老悦耳。谛视之，乃松脂滴虫翅上。自此悟出蝈蝈点药法。行之有年，始施之于油壶鲁、蛐蛐。其广泛流行则在本世纪二三十年代。

蝈蝈粘药须先冻之使半僵，以迟缓其行动。左手中、无名、小三指托手帕，置虫于上，如是方不为所噬，拇指与手帕下之中指相抵，捏住蝈蝈之后腿，食指横按虫项，如是可防其挣脱。粘药由右手操作。长针一根，蜡烛一枝，药在瓷碟中碾碎备用。右手拈针，在烛焰上一过，以针尖挑碟中药屑，药融附着针尖。针腰再就烛增温，急速直立，使融化之药顺针尖流下，点在蝈蝈上翅右上侧，药落下即凝固，似粟米而大，宛若小红珠镶在翅上，此为"盖药"（插图25.1）。改变左手手腕角度，稍向外转，亮出蝈蝈底膀之背面，如前再用针将药点在底膀背面透明圆膜（名曰"镜儿"）上部之膀筋分岔处（名曰"三岔"），此为"底药"。至此蝈蝈粘药便告完成。

油壶鲁、蛐蛐粘药，方法与蝈蝈略同。惟虫小而弱，故难度较大。粘时不须垫手帕，用食、拇两指捏住两大腿下截（必须同时捏住两腿，如只捏其一，虫用力挣扎，腿即脱落），将药点在上翅右上角第三道膀筋之中部，此为"盖药"（插图25.2）。粘底药则取细铜丝弯

插图 25.1　粘药蝈蝈

插图 25.2　粘药油壶鲁

成支架，状似阿拉伯数字之"7"，名曰"支子"，用右手支起虫之底膀。支起后，支子交由左手食、拇两指，与虫腿同时捏住，以便腾出右手，将底药点在底膀背面左上角。

粘药之动作，只须眼明手捷，便可胜任，故不难。难在对虫之观察与理解。因天生鸣虫，并不尽同，其上下两翅（盖膀与底膀）虽大都力量相等，亦有上大于下者，下大于上者，其粘法皆不同。上下力量相等者，一般盖药大于底药；上大于下者，则只粘盖药，不粘底药；下大于上者，则底药大于盖药。故必须对虫之膀力有充分理解，始能粘好。惟充分理解，往往经几次粘药失败后始能获得。

其更难者为如何用已有之葫芦，粘已入选之虫，使鸣声达到最佳效果。盖虫与葫芦及虫之粘法，三者存在十分密切之有机联系，而必须有全盘之考虑。善粘虫者量材粘虫，量虫选器，务使虫尽其材，器尽其用。经多日之观察思考，几次之对烛拈针，果然按拟定之方法粘此虫，入此器，一一获得成功。携入茶肆，妙音溢出，四座为惊，斯时粘者之乐可知，而其难亦不言而喻矣。

为求得最佳效果，自难一举而得，故粘蝈蝈有"甩药"法，粘油壶鲁、蛐蛐有"续药"、"撤药"法。所谓"甩药"乃当蝈蝈既粘之后，发现膀力尚可胜更多之药，于是在已有之药旁再点小药一处或数处。在此过程中，并试用五孔、七孔、孔聚、孔散不同瓢盖，比较何者为佳。所谓"续药"，乃指油壶鲁、蛐蛐之膀力尚可胜更多之药，于是在已粘之药上再增少许。"撤药"乃指虫之膀力不胜已粘之药，只得用热针吸去少许。以上之加减损益，均要求准确无差，减少反复，否则可怜虫将不胜人之蹂躏，此难之又难也。

予幼年畜虫，只知听本叫。后学粘药，性急不耐续药、撤药。且压颈捏足，虫之大厄，心实悯之，故终不能善其事。七十以后，目昏手战，虽欲粘药亦不可能，故频年所畜又尽是本叫。但求冬夜不寂寞，有曲为我催眠，高、低、尖、团，既均为天籁，岂不应一视同仁，而转觉粘药为多事矣。

养虫家性情习惯，各不相同。有斗室垂帘，夜床欹枕，独自欣赏者。有一年四季，每日到茶肆，与老友纵谈古今天下事，冬日虽携虫来，其鸣声如何实不甚介意者。有既爱己之虫，亦爱人之虫，如有求教，不论童叟，皆竭诚相告，应如何养，如何粘，虽百问而不烦者。更有无好虫则足不出户，有好虫始光顾茶馆，不仅听人之虫，且泥人听己之虫，必己虫胜人虫，始面有喜色而怡然自得者。当年如隆福寺街之富友轩，大沟巷之至友轩，盐店大院之宝和轩，义悫大院之三和堂，花儿市之万历园，白塔寺内之喇嘛茶馆，皆养虫家、罐家聚会之所。如到稍迟，掀帘入门，顿觉虫声盈耳。其中部茶座，四面围踞者，均为叫虫而来。解衣入座，店伙送壶至，洗杯瀹茗后，自怀中取出葫芦置面前,盖先至者已将葫芦摆满桌面。老于此道者葫芦初放稳,虫已鼓翅,不疾不徐,声声入耳,可知火候恰到好处。有顷,鸣稍缓,更入怀以煦之。待取出,又鸣如初。如是数遭,直至散去。盖人之冷暖与虫之冷暖,已化为一,可谓真正之人与虫化。庄周化蝶,不过栩栩一梦,岂能专美于前耶!

茶馆叫虫,三冬皆盛,均在白日,惟正月十三至元宵,特为开夜市三夕,名曰"叫灯"。与会者不惜以最佳葫芦贮最佳之虫,俗称"亮家伙,比玩意儿",实有评比竞赛之意。养虫家于此盛会,倘有观者瞩目,里手垂青,将以为有始有终,未虚度一岁,且兆来年畜虫大吉。故颇有一两月前即物色佳虫,专备叫灯之用者。元宵过后,天渐转暖而虫事阑珊矣。

鸣虫畜养,略如上述,养虫人物,亦不可不记。

养蝈蝈高手,首推朱六,能使管平湖心折者惟此翁耳。人尊称朱六爷,名与字反不为人知。每年深秋至初冬,必有极佳蝈蝈,响彻京华茶肆。所养多为西山大山青,东山大草白。葫芦一大一小,蝈蝈皆叫顶,大者雄而沉,小者宏而亮,互唱如对答,人或称之曰"阴阳音"。粘药并不大,竟有不粘药者,甚至凭蝈蝈外貌,不信能有如此妙音者。故金谓六爷相虫,别具只眼,有独到之处。其最钟爱之葫芦乃其大者,松脖本长,色泽紫红,花脐一侧有小蛀孔鼎足而三为记,后竟为予所得。惟此后数十年,竟无一虫能发音如当年者。蝈蝈因污染退化,固可为我解嘲,但北京语云:"有千里马,还须有千里人!"朱翁诚不可及也。

插图 26　管平湖先生小影

古琴国手管平湖(插图 26),博艺多能,鸣虫粘药,冠绝当时,至今仍为人乐道。麻杨罐中喜出大翅油壶鲁,其翅之宽与长,数十年不一见。初售得善价,旋因翅动而不出声被退还。平湖先生闻讯至,探以兔髭,两翅颤动如拱揖状。先生曰:"得之矣!"遂市之而归。不数日,茶馆叫虫,忽有异音如串铃沉雄,忽隆隆自先生葫芦中出,四座惊起,争问何处得此佳虫。先生曰:"此麻杨的'倒拨子'耳!"(售出之虫因不佳而退还曰"倒拨子")众更惊异,竞求回天之术。先生出示大翅,一珠盖药竟点在近翅尖处,此养虫家以为绝对不许可者。先生进而解答曰:"观虫两翅虽能立起,但中有空隙,各不相涉,安能出音!点药翅尖,取俗谓'千斤不压梢'之意,压盖膀而低之,使两翅贴着摩擦,自然有声矣。"众皆叹服。先生畜虫,巧法奇招出人意想者尚多,此其一耳。

讷翁绍先,身材雄伟,白皙无须,乃铜锤名净,享盛名远在裘桂仙、金少山前。喜养蛐蛐，出怀置桌上，即琅琅有声。随身必带小葫芦，内贮雌虫三尾，名曰"三尾筒"。到茶馆后，先用雌触其雄，须一交搭即起出，于是蛐蛐长鸣不已。人称此老讷叫蛐蛐法。黄鸟赵，一温醇长者，瘦小有须，出必长袍马褂，提黄鸟相随，故得此名。养蛐蛐从不带三尾，亦出怀即鸣，声缓而长，有秋残凄楚之意，格外动人。人称此黄鸟赵叫蛐蛐法。二老皆养虫耆宿，而手法迥异，可见畜虫虽小道，亦不妨凭各自之经验体会，采用不同方法，达到相同之目的。或有论者，以为赵翁全凭人体温暖将养调节，使虫悠然长鸣。而老讷须求助于三尾，引逗出求偶之音，故赵翁实高出一筹云。

金某，号仲三，但无人不称其"金疯子"。喜放风筝及畜虫，性执拗而好胜，年老犹气盛，凡事不甘居人下。茶馆有人粘得佳虫，必思粘一更佳者，移座相就，与之较量。较而不胜，则白日巡游庙市，出入罐家。夜间燃烛拈针，重粘已粘之虫。于是翅上之药，续而撒，撒而续，所有葫芦，一一试过，兔须鞭儿，一捻再捻，不知东方之既白。故日日夜夜，竟无宁刻。人问："岂不以为苦？"笑而答曰："不冤不乐！"以是人称之曰"金疯子"。

"不冤不乐"，北京俚俗语，却合乎辩证，富有哲理。大凡天下事，必有冤始有乐。历尽艰辛，人人笑其冤之过程，亦即心花怒放，欢喜无状，感受最高享乐之过程。倘得来容易，俯拾即是，又有何乐可言！揆以此理，吾之捉虫养虫固冤，铁鞋踏破，走遍鬼市冷摊，搜求葫芦，乃至削木制模，开畦手植则更冤。以望八之年，骑两轮车，出入图书馆及师友之门，查阅图书，求教问字，乞借实物，拍摄照片，归则夜以继日，草写此稿，衬纸复写，力透四层，头为之眩，目为之昏，指为之痛，岂不冤之又冤。但驱吾使然而终不悔者，实因无往而不有乐在。故吾以"不冤不乐"终吾篇。

始于去岁初夏，1990年7月19日写竟

世襄记

图版

说　明

葫芦分为非畜虫与畜虫两大类。

非畜虫类以天然葫芦及结扎葫芦居首，以下为康熙、乾隆御制赏玩葫芦，宫廷府邸所种小型范制葫芦，各式烟壶及揉手、呼鸟、饲鹰、系鸽所用葫芦。

畜虫葫芦按所畜鸣虫品种区分，计有：蝈蝈、扎嘴、油壶鲁、蛐蛐、梆儿头、金钟六种。每种畜虫葫芦再依本长（即天然）及模子（即范制）类分。模子又将有花纹文字者置前，朴质无文者居后，均依其范制年代先后排列。最后为畜虫葫芦之各种饰件及附属用具。

图版 1 红色大约腰葫芦 附乾黄六棱小鼻烟壶（见图版35）清中期

约腰大葫芦，天然生成，未经人工修饰。红中透紫，历世已逾百年，高半米有余，堪称硕大罕匹，而停匀端正，尤为难得。在理人家，中堂供养，定视为瓌宝，代代什袭。1930年前后以微值得之隆福寺冷摊，未免有故家凋零之叹。

葫芦既贵大，更贵小。六棱小烟壶乃绦索勒成，色如蒸栗，高仅寸许，上下肚几同大，匀称坚好，架垂千百，多年未必得一，故名窑美玉，未足方其珍奇。取置大葫芦旁，乃觉大愈大而小愈小，仿佛巨无霸之伍侏儒也。

高53厘米　下腹径21厘米

图版 2　王世襄火画赤壁图大匏　晚清

高52厘米　腹径29厘米

　　高中读书时，始学火画葫芦。先父一日挟此匏归，授襄曰："如能炙此成图，即以赐汝。"乃尽一夜之力，摹金武元直赤壁图于上。

　　十年浩劫，匏被掠去。尝念从此已矣，即使幸得重见，蒂柄脆弱，定已断折。不期合浦珠还，竟完好如故，为之欢喜过望，惟皮色渐深而炙痕淡褪矣。

图版3 康熙赏玩款押花龙凤纹夹扁葫芦 清前期

两面同文，上下开光，上为凤纹，下为龙纹。底有"康熙赏玩"方印。

押花年代晚于葫芦年代，且未必为宫中御物。押痕浅而柔，属于北京所谓"老押花杨"一类制品。

天津艺术博物馆藏
高15.5厘米 下腹径7.5厘米

图版4 凫形勒扎葫芦 清

高13厘米 长20厘米
宽10厘米

葫芦幼时，绦索结扎，迫使拗折，乃成此形。身扁项曲，状似卧凫，虽截口为流，削木作塞，而颈项过隘，难贮丹药。潘西凤铭畸形竹臂搁曰："物以不器乃成材，不材之材君子哉！"可以移赠。

图版 5 绾结葫芦成对 清

高43.5厘米　腹径15.5厘米

　　身高及绾结大小均相等，双双如孪生，尤为难得。设为张叔未见，定讶为神物矣。

图版 6 康熙赏玩弦纹碟成对 康熙

全体光素，只沿口、沿足及足内起弦纹三道。款在足内，阳文楷书"康熙赏玩"四字。碟内髹黑漆。

高2.8厘米　径12.8厘米

图版 7 康熙赏玩番莲纹蒜头瓶 康熙

故宫博物院藏
高23.8厘米　腹径13.2厘米

瓶身分棱瓣，肩部上为云纹，下为卷草纹。腹部每瓣范出莲纹一朵，甚为饱满。四字阳文款在足内。

图版 8 康熙赏玩四兽纹尊 康熙

故宫博物院藏
高16厘米 腹宽11厘米

尊方形，上下四角均被抹去，出现三角形斜面凡八。有称此造型为"八不正"者。

尊每面一兽，或蹲或立，形象奇诡而神采奕奕。底为牡丹纹。四字款在底部，字皆外向，与一般赏玩款不同，紫檀钤口。

图版 9 康熙赏玩寿字纹葫芦瓶 康熙

高26厘米　下肚尖至尖15.8厘米

瓶作约腰葫芦式，上下两肚均为方形。下肚抹去各角，形成所谓"八不正"式样。两肚正面花纹为圆寿字，抹角处以如意或蟠桃为饰。瓶底正中团花一窠，与座屏风抱鼓上所雕之蘷花极相似。四字款在足内四角，玳瑁圈镶口。

图版 10 康熙寿字莲纹圆盒 康熙

盖与底均作鼓腔形,扣合平整严密,不差毫发。黑漆里。

此盒乃用两匏分别范成,底、盖中心部位均有花脐,可以为证。

足内款字模糊不清,但故宫有与此全同之盒,款字为"康熙赏玩",为此器断代提供依据。

故宫博物院藏
高11.5厘米　径16.7厘米

图版 11 康熙赏玩如意云纹盖罐 康熙

盖大纽,以下番莲纹夹圆寿字纹一匝,沿盖边回纹一匝,罐身上下各如意云纹一匝,中为卷草纹。黑漆里,用玳瑁铃口。

台北故宫博物院藏
高12.7厘米　径15.9厘米

图版 12 康熙匏槽二弦 康熙

故宫博物院藏
通高79厘米　槽上宽9.5厘米
下宽13厘米　高24厘米

槽作约腰葫芦形。正面上半范出六鹤及海水山石，寓"海鹤添筹"之意。下半蒙皮革。背面上为六凤，下有三寿星跨麒麟，手持海珠、犀角及珊瑚。两侧突起诗句一联，左为"三星同文祝万寿"，右为"四海来朝贺太平"。

二弦及以下乐器三件，均用于清宫番部合奏乐。无年款，据柄端龙头造型及信修明所记太监魏珠造葫芦乐器事（见附录9），定为康熙时制。

图版 13 康熙匏槽提琴 康熙

故宫博物院藏
通高88.3厘米　槽宽11.5厘米
高10.7厘米

槽八方形，每面范出夔龙纹，一端镶桐木板，一端开圆孔。

图版 14 康熙匏槽三弦 康熙

槽正面蒙蟒皮。背面范出云端四女仙，手持笙、笛、箫、拍板，合奏乐曲，下有山石竹林，境界幽美，似已远去人寰。

故宫博物院藏
通高63.2厘米　槽高17.5厘米
厚7.2厘米

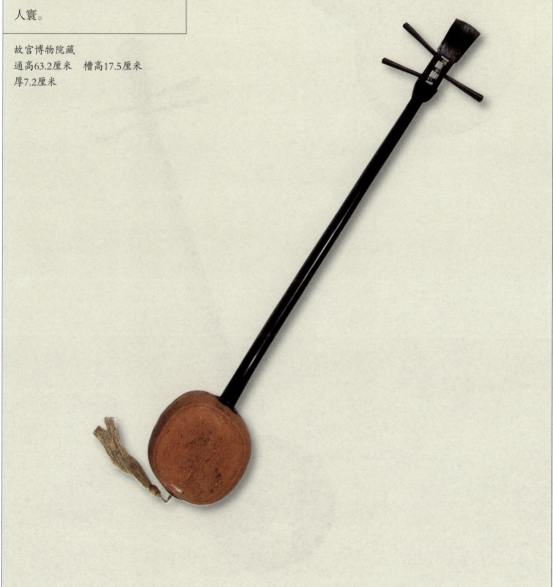

图版 15 康熙匏槽月琴 康熙

故宫博物院藏
通高103.5厘米　槽高20.5厘米
厚7厘米

　　槽面正中范出圆寿字，卍字作边，外为缠枝莲纹。两侧面有衔环铺首。

图版 16 乾隆赏玩番莲纹盘 乾隆

盘黑漆里，外平列番莲纹五组，沿口扯不断纹一道。足内双弦纹圈，楷书阳文四字款。

高3.2厘米　径16厘米

图版 17 乾隆赏玩卷草纹碗 乾隆

碗撇口式，以卷草钩出大小云头，连缀成文。底足双弦纹圈，四字阳文楷书款。黑漆里。漆剥落处，得见髹饰之前先用木圈钤口。

高5.3厘米　口径15.8厘米

图版 18 乾隆赏玩云龙纹碗 乾隆

碗上花纹由两组相同图案构成。每组两龙夭矫相向，中有火焰珠。云如长带，绕龙身而过，增其流动之势。上下有回纹两道。底足弦纹圈内四字楷书款。黑漆里。

据碗上痕迹，木范至少由八块构成。另有不规则斜纹，倘非木范曾经修补，则可能多至十块。

高7厘米　口径15.5厘米

图版 19 乾隆寿字纹尊 乾隆

葫芦仅下肚受范，正方抹角，四面以圆寿字及卷草纹为饰。上肚则任其自然生长。

据前四兽纹尊，得知此为已范成器而尚未裁切者。正因其尚未裁切，不啻告人范制此类器物，所用为大约腰葫芦而非佛腹之匏，底部无款，但知最晚亦为乾隆时宫廷所范。

通高33.5厘米　下肚宽12厘米

图版 20 乾隆赏玩卷草纹瓶 乾隆

范四瓣。腹侈而圆，上下为莲瓣纹，下垂卷草。花纹饱满，肌里莹澈，色泽秾艳，乃御制器中之至精者。康、乾两朝赏玩款识多在底足，而此则移至器腹，亦属罕见。

高13厘米　腹径9厘米

图版 21 乾隆赏玩六棱云寿纹瓶 乾隆

口垂蕉叶纹，此下为云纹。腹部圆寿字纹，上下以莲瓣为饰。六棱均向内凹，与康熙赏玩款之蒜头瓶（图版7）圆棱向外凸者异趣。

北京中国历史博物馆藏
高24.5厘米　径15.6厘米

图版 22 乾隆赏玩八仙纹瓶 乾隆

高22厘米　下肚尖至尖14.5厘米

八仙各居上下肚之一面。上为吕洞宾，背剑；曹国舅，持拍板；蓝采和，吹笛；汉钟离，捧桃。下为张果老，持渔鼓；何仙姑，持莲蓬；李铁拐，拄拐持葫芦；韩湘子，捧花篮。三角形斜面内以圆寿字为饰。底蕖花及楷书四字款。

图版 23 乾隆御题缠枝莲纹纸槌式瓶 乾隆

故宫博物院藏
高15厘米 腹径12厘米

弘历题诗刻在颈部，隶书刀刻填绿。诗及题识为："幸谢蒸鹅佐脱粟，却成槌纸得全壶。囵囵弗藉范而范，汒穆何妨觚不觚。学士漫嗤画依样，陶人那问铸从模。无烦贮水安铜胆，随意闲花簪几株。乾隆壬寅御题。"按此诗作于乾隆四十七年（1782）收入《御制诗四集》卷八十五。

底有款字，但不清晰。

图版 24 乾隆赏玩饕餮纹炉 乾隆

高13厘米 腹径21厘米

周匝平列双钩云头凡八，中以饕餮纹为饰。云头之间再垂小云头，图案仍为饕餮而较简略。肩上腹下各有回纹、蚕纹一道。整体文饰取材于青铜器。四字楷书款在炉底足内。

图版 25 乾隆双龙纹扁壶 乾隆

蒂柄尚在，裁切后可制成扁壶，或称宝月壶。无款识，但最晚亦是乾隆宫廷制品。

两面同文，中为圆寿字，上有火焰珠，左右双龙相向，下有海水山石，外缘香草纹镶边，两侧面饰卷草纹。

通高35厘米 厚7厘米

图版 26 乾隆赏玩缠枝莲纹盖罐 乾隆

罐身周匝缠枝莲纹，花叶疏朗。足内隐起双弦纹圈，四字楷书款。黄杨木镶口，盖模莲瓣纹，借蒂柄为纽，罐与盖均髹黑漆里。

经审视，罐腔颇厚而盖甚薄，且蒂柄纤细，似用不同葫芦品种范成。

通高10.2厘米　腹径12厘米

图版 27 官模子六方回纹葫芦 道光

每面回纹二，中以曲线分隔。蒂柄犹在，尚未裁切，故知系用单肚小葫芦范成。其造型过于扁薄，似只堪把玩而难制成器用。

高4厘米　径8厘米

图版 28 官模子介尔景福方形水中丞 道光

"介尔景福"，句出《仪礼·士冠礼》，亦吉祥语也。上顶平面全被切去作口，似欲制成水中丞而有待铃口、髹里并配铜胆。如谓札嘴笼，则不须开如此大之口也。

高5.2厘米　宽6.8厘米

图版 29 官模子四方瓦当纹葫芦 道光

高5.3厘米　宽6.2厘米

　　三面范出"长毋相忘"、"宜富当贵"、飞鸿加"延年"瓦当。一面款识，行书"汉瓦当文字，兰兰摹"八字。小长方印，文难辨。底部圆圈居中，云纹四朵填角。葫芦完整，未经裁切。

图版 30 官模子六方花卉纹葫芦 道光

美国奈尔逊美术馆藏，布朗女士捐赠
高5厘米 最大径8.5厘米

六面分别模出兰、梅、竹、菊、荷花、芙蓉花卉六种。

图版 31 六方博古纹葫芦 晚清

琴、棋、书、画,各占六面之一。余二,一为笔与银锭,一为如意,音谐吉祥语"必定如意"。

前此四例,意匠纹饰,皆出文人机杼,此则较俚俗而有民间气息,画稿木雕,当出工匠之手,时代亦较晚。

高5.4厘米　径7.5厘米

图版 32 夹扁素鼻烟壶 晚清

通高6.4厘米　腹径4.5厘米

烟壶用小约腰葫芦夹板制成,虽微偏,坚实无瑕,莹洁可爱。盖以极小葫芦肚为之,尤为珍贵。因葫芦愈小愈难长成,金玉易得,此物难求,非亲自种植,不能知也。

图版33 押花紫红鼻烟壶 清中期

通高6.5厘米　腹径4厘米

壶腹圆中带方，正、背两面较平，左右侧中部略凸，出现上下两斜面。其形不类天生而似出自素范。图案为分棱团栾形物凡六，上覆叶片，舍瓜实无以名之。口际有回纹一道。押痕柔而浅，不伤皮肉，刻划不工而饶古意。当年所识养虫家讷绍先、金仲三及估贩赵子臣等，见此押工均称之为"老押花杨"，年代谓明或清初，莫衷一是。予则以为置诸清中期较妥。

壶盖用白、红两色铜锤成，顶踞蟾蜍，灿然如银。壶中剩有鼻烟，试之味酸，洋烟之上乘也。

| 图版 34 押花福寿纹鼻烟壶 晚清 |

通高6.6厘米　腹径3.5厘米

　　烟壶用长颈小葫芦夹扁而成，两面押圆寿字，上伏一蝠。寓"福寿双全"之意。审其押法，既非老押花杨，亦有别于陈锦堂、小雷及怯郭，当出同、光时人之手。上端安垂云牙口，镂刻甚工，下有素圈足。牙盖镶翠石作顶。

　　原有锦盒盖背面白绫上，淡墨行书七绝一首及款识："记得当年贮《汉书》，酒瓢不制制烟壶。争夸妙手传宫禁，曾受天家雨露无？笑笑生题于京华。"按《汉书》故事见《梁书·萧琛传》，述及有北僧南渡，所携葫芦中贮《汉书》序传，琛固求得之。据烟壶年代及七绝诗意，笑笑生当为清末人。如入民国，则是清遗民也。

图版 35 乾黄六棱小鼻烟壶 晚清

绦索勒成，色如蒸栗，高仅寸许，上下肚几同大，匀称坚好，架垂千百，多年未必得一，故名窑美玉，未足方其珍奇。

高4厘米

图版 36 乾隆赏玩南极老人鼻烟壶 乾隆

南极老人笑容可掬，旁有一鹤。山坡芝草丛生，上有祥云回绕。侧面有衔环铺首及楷书四字款。

据目前所见，范制葫芦烟壶年款尚无早于乾隆者。

台北故宫博物院藏
尺寸待查

图版 37 官模子蝠磬纹鼻烟壶 道光

高5.8厘米 宽5厘米

范四瓣，模出蝙蝠、樱桃枝、扇、磬各一，似寓"福因善庆"之意。

图版 38 官模子道光年制款八方杜诗鼻烟壶两件 道光

北京文物商店藏
通高8厘米　径3.5厘米
高7.1厘米　径3.5厘米

　　模八瓣，每瓣五言诗一句，合为杜工部《夜宴左氏庄》五律一首，诗曰："风林纤月落，衣露净琴张。暗水流花径，春星带草堂。检书烧烛短，看剑引杯长。诗罢闻吴咏，扁舟意不忘。"底有"道光年制"四字款。

　　另一具似出同一木模，但无年款，且诗句前后失序，从第一句向左读去，为原诗之第六、七、八、五、二、三、四句。疑抟泥用木模翻瓦范时，因工匠不知诗，随意拼合，致有此误。据此却得知其木模乃由八瓣拼成，连中心共有九条。

图版 39 官模子花卉山石纹鼻烟壶 道光

通高6.4厘米　宽5.7厘米

范四瓣，形如扁壶，两面开光，各以花卉山石为饰，所异者一为牡丹，一为菊花耳。两肩隐起衔环兽面。

壶盖早佚，暂将绵宜所范寿字纹葫芦圆片置其上。此等圆片原即为镶烟壶盖而制。

图版 40 官模子笹箩纹鼻烟壶 道光

笹箩纹为葫芦器常见图案，宫廷、民间皆有之。此壶木范雕刻甚精，当为府邸制品。

高6.5厘米　宽5.5厘米

图版 41　官模子马上封侯鼻烟壶　晚清

范四瓣，一面柳阴系马，一面猿猴缘木摘桃，寓"马上封侯"之意。按类此吉祥图案，往往有蜂房或游蜂。烟壶身小，故难备容。

此器及瓮头春烟壶，皆清宗室绵宜所制，光绪时曾在沈阳开园植匏。

高6.6厘米　宽3.6厘米

图版 42　官模子瓮头春酒坛式鼻烟壶　晚清

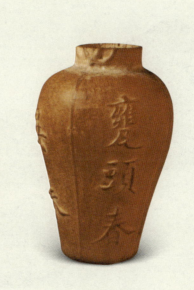

高5.5厘米　径3.5厘米

范四瓣，每瓣字数二三相间，曰："异味、瓮头春，清香、快活林。"壶小而有大气势，仿佛梁山泊好汉曾举此而痛饮也。

图版 43 风景依稀似去年鼻烟壶 晚清

一面亭子在山林中，一面"风景依稀似去年"七字，书法不佳。两侧各有四处凸起，似率尔设计，全无意匠经营。

烟壶向有文、武之分。赳赳武夫，喜将鼻烟抹在鼻孔两侧，俗称"抹个大蝴蝶儿"，故非壶大烟多不敷其用。此壶似属武壶一类，疑为甘肃民间制品，与出自府邸者自有大小、文野之别。

通高9厘米　径6厘米

图版 44 针划山水人物纹小葫芦两枚 现代

针划填墨，一为山石乔木，一为观音及善财童子。乃甘肃兰州特种工艺，出于一般工匠之手，聊备一格而已。

高4厘米
高5厘米

图版 45 揉手勒花小葫芦成对 近代

单肚细柄,小葫芦之别种,顶不突起,与兰州产者不尽相同。取两枚等大者揉手,可以舒经络,活筋血,与核桃、花椒木球等同功。此对勒成花瓣,较光素者难得。

径3.5厘米

图版 46 勒花呼鸟小葫芦 晚清

通高4厘米　径3.1厘米

葫芦与揉手者同,中贯骨轴,一端留柄,状如擎臂握拳,小巧可持以两指,颇见匠心。中贮砂粒,摇之有声,盖用以呼鸟者。京人喜养交嘴、祝顶红、老西子等山禽,可使其开箱衔旗,叼八卦盒等,皆如人意,《燕京岁时记》已有记载。驯鸟时随摇葫芦随饲以苏子,狎熟后闻声即落人掌上。

图版47 紫红八棱呼鸟葫芦 清中期

高11厘米　腹径5.4厘米

　　制作不及前者精致，而皮色紫红，经人持握摇弄，盖有年矣。柄端塞子已失落，砂粒流出，空无一物。不解其用者将谓"不知葫芦里卖什么药"矣。

图版 48 紫红鹰水葫芦两具 清

高16厘米　下腹径6.5厘米
高20.5厘米　下腹径7.4厘米

较小一具为养松子、细雄所用水葫芦。较大一具为养伯雄、鹞子所用水葫芦。色皆紫红，髹黑漆里，为西直门养鹰家李凤山故物。李以善驯鹞子，能使盘空著名。两具皆经其祖用红葫芦手刳而成，而凤山如在世，亦早逾百岁。故水葫芦当为二百年前物。

图版 49　王世襄火画瓦当纹鸽哨葫芦　现代

摹龙纹瓦当拓本，乃用马蹄形烘针灼热时灸出者。灸时只沿铅笔稿放手画去，随后再修补细小不足处。

哨为祥字周春泉先生制。以下各件均绘于1934年前后。

径7.1厘米

图版 50　王世襄火画兰亭序墨拓残片鸽哨葫芦成对　现代

径6.2厘米

火画摹墨拓不难，要在打稿时钩字框准确，烫时严格沿字框运针则神采不失。只须大小两枚马蹄形烘针便可善其事。

祥字周春泉先生制哨。

图版 51 王世襄火画道因法师碑墨拓残片鸽哨葫芦成对 现代

民间装饰画有"八破",裂简零篇,断笺残拓,皆烬余蠹剩,水渍霉污。工笔摹绘,错叠成图,亦别有情趣。此则只能称之为一破。

祥字周春泉先生制哨。

径7.5厘米

图版 52 王世襄火画山水鸽哨葫芦两件 现代

两哨一大一小。大者寒柯萧寺,试拟龚野贤。小者远楼烟树,稍用米家法。

祥字周春泉先生制哨。

径5.4厘米　径6厘米

图版 53　王世襄火画梅花鸽哨葫芦成对　现代

鸽哨画面狭促，梅花宜疏不宜密。此拟金俊明笔意。

祥字周春泉先生制哨。

径5.6厘米

图版 54　王世襄火画菊花鸽哨葫芦成对　现代

花用画针双钩，叶片用烘针平熨，叶筋用刀形薄刃针曳出，莓苔用齐头圆针点成。此一器而用多针者。

祥字周春泉先生制哨。

径6.4厘米

图版55 王世襄火画荷花鸽哨葫芦成对 现代

火绘荷花全仗叶面叶背，深浅不同，分清层次，构成画面，且可衬出花朵。

此对予出新意，以小葫芦作旁哨，为前所未有，特倩鸿字吴子通先生制之。

径6.4厘米

图版56 王世襄火画秋葵鸽哨葫芦成对 现代

画秋葵意在拟南田没骨。没骨设色全在善于用水。今用火笔为之，水火不相容，不知稍有似处否？

鸿字吴子通先生制哨。

径7厘米

图版 57 王世襄火画葫芦红木圆盒成对 现代

葫芦之不中范者，徐水种户多以板夹之，使之平扁，以便入怀，专供罐家售虫之用，名曰"葫芦头"，其值甚微。予有新意，就其平整处，裁切图片镶在车镟红木盒上，并火画小景。当年所得圆片虽多，成器者仅此一对。1945年秋自蜀返京，盛红豆以献荃猷者即此盒也。

径7.8厘米　高5.5厘米

图版 58 王世襄火画葫芦别针 现代

高3.8厘米　宽6.7厘米

自葫芦头侧面裁切椭圆片，用作别针材，镶以银托，并炙宋磁州窑花卉纹于上。亲友每问荃猷，别针以何物镶成，得体轻若此？

图版 59 染红刀刻葫芦两件 现代

径10厘米　径9.2厘米

单肚葫芦，产于山东。染红后以刀刻之，快利流畅，全不经意，饶民间粗犷醇朴趣味。当地常用以畜扎嘴，或作为儿童玩具。

图版 60　紫红小蝈蝈葫芦　明

蝈蝈葫芦历来以紫红本长为极品。本长者，天然生成，未尝施范者也。亦即《燕京岁时记》所谓"以紫润坚厚者为上"，其年代早则嘉、万，晚亦康、乾，久经摩挲，人气润泽，乃得肤如处子而色如重枣。伪者染色涂脂，有"油炸鬼"之称，识者不难辨认。

通口高10.5厘米　腹径7厘米

图版 61　紫红中蝈蝈葫芦　明或清初

通口高11厘米　腹径7.5厘米

护国寺北麻花胡同纪家，世代癖鸣虫，此乃其旧藏，论体型、胎骨、色泽，均堪称第一。清末民初，与蛐蛐葫芦红雁（图版151）、紫雁誉为"三绝"，闻名京师。腹上有一小黑斑为记。

图版 62 紫红大蝈蝈葫芦 明或清初

葫芦绝佳，惟稍稍亏翻，用牙口接出（请参阅下卷第二章）。有盖，下半为瓢，上半象牙镂孔，粘合为一。口、盖选料至精，乃血牙牙尖，故致密不见纹理，历久不裂。据此，知原藏者不惜耗资为葫芦装潢，力求华美。殊不知瓢盖贴牙，妨碍葫芦发音，纵有善鸣之虫，亦暗沉无力，重外貌而轻实效，非真知虫趣者也。

通口高11.8厘米　腹径8.3厘米

图版 63 紫红无翻大蝈蝈葫芦 明或清初

葫芦色泽美甚，惜口敛无翻，复因牙口过于厚重，有碍发音，不如用薄口为宜。观其造型，乃因颈项甚长，无法留翻，故只能裁切如今状。实此类紫红葫芦，不如上部多留，制成他器，似较贮虫为胜。

通口高13厘米　腹径8.5厘米

图版 64　紫红大蝈蝈葫芦　明或清初

色泽浓艳，肌理莹澈，翻肚停匀，无美不臻。予得之较晚，在1949年游美归来后。时正忙于故宫工作，已数年不畜虫矣。

三十年代初，虫估吕虎臣设葫芦摊于东安市场，与星命馆问心处相对。其最高层囊匣成行，此葫芦位居正中，号称镇摊之宝。几次问鼎，以索值奇昂，无力致之。不意二十年后，于挂货铺复见，付值不过虎臣所索之什一。原装锦匣犹存，而虎臣谢世有年矣。

通口高12.7厘米　　腹径8厘米

图版 65　紫红松脖大蝈蝈葫芦　明或清初

此蝈蝈葫芦之享有盛名者。民国时期，城南朱六，以西山大山青或东山大草白，粘小药，贮此葫芦中，音苍且宏，叫遍九城茶肆，无与匹敌。识者谓全仗葫芦脖松，象牙口薄，瓢盖不厚，朱翁又善相虫，故有妙音。儿时因再三请求瞻仰，蒙老人出囊相示，双手持捧，得见花脐一侧，有小孔鼎足而三，铭记在心。二十年后，竟于天桥挂货铺无意得之，为之狂喜。牙口瓢盖，虽未免寒酸，不敢易也。

通口高12.4厘米　　腹径7.3厘米

图版 66 红色三疣蝈蝈葫芦 清中期

本瓜棒式，色红而妍，投入寻常之虫，常有不寻常之音，故罐家赵子臣视为至宝。一面突起三疣，俗称"僵疙瘩"，人皆识之。子臣在来幼稣处帮闲，不数年，来家财散尽，子臣亦时或拮据，三疣乃售出。

通口高15厘米　腹径7.8厘米

图版 67 深黄蜘蛛肚式大蝈蝈葫芦 清

通口高13.5厘米　腹径8.5厘米

本长蝈蝈葫芦或多年前即被裁切成器，经长期使用而色泽紫红，或葫芦色已紫红而形体完整，养虫家发现适宜贮虫，始裁切成器。凡属后者，养虫家无不乐于称道，自矜慧眼。此亦人之常情，无伤大雅。予曩岁喜逛鬼市，每往必留意葫芦，冀有所得，供我裁切。一二十年仅得此深黄蜘蛛肚一具，乃从歪柄葫芦裁下者。可见伯乐常有而千里马难逢也。

图版 68 红色蜘蛛肚式大蝈蝈葫芦 清中期

通口高13.7厘米　腹径8.5厘米

　　肚底微尖如此者通称蜘蛛肚。蝈蝈在圆底葫芦内音不得出时,易此往往调亮声宏,以底尖音可反折故也。但求其苍老,又不可得。同为大蝈蝈葫芦,造型不同,功能亦异。养虫家不惜多蓄葫芦,以备更换试听,使虫与器达到最佳之配合。

图版69 王世襄火画金鱼大蝈蝈葫芦 清

1934年得此葫芦，因横腰有渍痕一抹，宛似水纹，爰效先慈画法，火绘俯泳龙晴鱼一尾，未竟而束诸高阁。今草此编，拣出拟续成之，但粗香已无售者。且眼昏手颤，深恐弄巧成拙，只得以刘安之"谨毛则失貌"为辞，不了了之矣。

通口高13.8厘米　腹径8厘米

图版70 王世襄押花樱桃鸣禽图大蝈蝈葫芦 现代

通口高15厘米　腹径9.2厘米

此为1932年前后第一次试押葫芦，尽一夜之力，赶制刃具，仓促中完成者。予平生所押葫芦只四五件，以此最为粗劣，余均被人索去。今欲借还一件，收入本篇，竟不可得。当年虫友，凋零尽矣。

图版 71 官模子郑审诗蝈蝈葫芦 道光或较早　　图版 72 官模子归樵图蝈蝈葫芦 道光

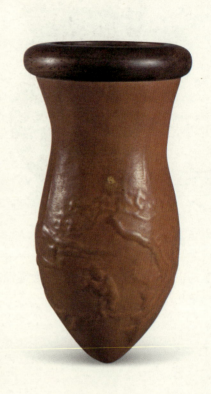

通口高15.5厘米　口径5.5厘米

　　模痕八道。身瘦而底尖，范出唐郑审《酒席赋得匏瓢》五律一首："华阁与贤开，仙瓢自远来。幽林常伴许，陋巷亦随回。挂影怜红壁，倾心向玉杯。何曾斟酌处，不使玉山颓。"及"右录郑审诗"五字。行草共八行，笔意流动有致，定出学人之手。所见官模子贮虫葫芦以此为最早，色已深黄，与康熙、乾隆赏玩器色泽相似，暂定为道光，有可能更早。至于其制作乃用八瓣木范，抑用九根木条拼成之木模，再用木模翻瓦范，尚待进一步研究。

　　范四瓣。松下一戴笠担柴人步向溪桥，乃归樵之景。花纹虽欠清晰，人物神情尽在，树石亦饶画意。据葫芦造型，与范唐诗者同出一家。

通口高12.8厘米　口径5.8厘米

图版 73 官模子五言唐诗蝈蝈葫芦 道光

范四瓣。李白诗："床前明月光，疑是地上霜。举头望明月，低头思故乡。"岑参诗："此地曾居住，今年宛似归。可怜汾上柳，相见也依依。"小楷有晋人笔意。染绿虬角口。

通口高11厘米　口径5厘米

图版 74 官模子七言绝句蝈蝈葫芦 道光

通口高12.5厘米　口径5.8厘米

范四瓣。诗曰："芙蓉花发满江红，尽道芙蓉胜妾容。昨日妾从堤上过，如何人不看芙蓉？"楷书笔意与前一件相同。

图版 75 官模子八方七言绝句蝈蝈葫芦 道光

诗曰:"诸佛由来只此心,何须泥塑与装金!世间点烛烧香者,笑倒慈悲观世音!"以破除迷信语作为畜虫葫芦文饰,出人意想。

美国奈尔逊美术馆藏,布朗女士捐赠
高11厘米　径6.5厘米

| 图版 76 官模子蝙蝠流云纹蝈蝈葫芦 道光 | 图版 77 官模子百寿纹蝈蝈葫芦 道光 |

通口高14.8厘米　口径6.2厘米　　　通口高14.8厘米　口径6厘米

模痕六道。六蝠展翅飞翔，而俯仰向背，姿态各异。流云萦回映带，连缀成章。花纹清晰，圆熟可爱。

全身不见模痕，细辨仍是六道。楷书寿字十行，行五字，仅得半百。名"百寿"者，成对葫芦之数也。

图版 78 官模子盘肠寿字纹蝈蝈葫芦 道光　　图版 79 官模子孔雀纹蝈蝈葫芦成对之一 道光

通口高17.5厘米　口径6.7厘米　　　　　通口高20厘米　口径5.2厘米

　　模痕六道。图案以寿字连缀成框格,实以盘肠,寓"长寿"之意。葫芦底部图案作花瓣形,与前两器相同,且皮色亦相似,故此三件当为一家所制。

　　范四瓣,细长作棒子状。孔雀立石上,引颈张翅,旁有瑶草琪花。流云布满花纹空隙,与六蝠一件极相似,可能为一家所制。
　　1933年小雷得此对棒子于德胜门鬼市。官模子从未见有如此修长者,花纹亦出人意想,故诧为至宝。驰送我家,一见惊喜。惟索值不肯少让,终如其愿而去。小雷即押花而常署款"行有恒堂"者也。

100

图版 80 官模子双蕙图蝈蝈葫芦 道光

通口高11厘米　口径6厘米

范痕只有一道，瓣数待查。葫芦如此造型，通称鸡心瓶式。

露根蕙草两株，蕊萼茎叶，一仰一俯。花纹饱满莹润，有露湛珠圆之妙。平生所见范花葫芦，何虑千百，可与此媲美者实鲜。

中学就读时，与勤行张师傅因养虫缔忘年交，知予喜官模子而蒙割爱，至今感荷。

图版 81 官模子蕙蝶图蝈蝈葫芦 道光

模痕八道，清晰可数。花叶纷披，湖石瘦透，蛱蝶一双，栩栩其间。曾见清代绣幅，仿佛似之。

通口高12.3厘米　口径6.5厘米

图版 82 官模子狮戏图蝈蝈葫芦 道光

模痕六道。梧桐树下，大狮滚绣球，小狮扑球绦，嬉戏作态，恍若民间狮子舞，俗所谓太狮、少狮是也。

通口高12.2厘米　口径6.4厘米

图版 83 官模子赤壁图蝈蝈葫芦 道光

通口高13.8厘米　口径6.7厘米

模痕六道。船篷下三人，长髯者东坡，背插麈尾者佛印，冠幞头者客也。前有稚子烹茶，后有舟人撑篙。波涛汹涌，似拍船有声。仰望则巉岩泻瀑，霜树垂枝，所写为《后赤壁赋》景色。

图版 84 官模子百子图蝈蝈葫芦 道光

模痕六道。水牛角口。人物纤细，而眉目宛然，可见模具镂刻极精。图案以"太平有象"为中心，儿童共三十有八。有牵象者，放纸鸢者，荷桃枝者，举旗者，打太平鼓者，摇鼗鼓者，提磬者，骑竹马者，捧瓶者，打小锣者，擎荷叶者，击铜钹者，跑旱船者，捧葫芦者，吹喇叭者，竿挑爆竹者，所事不胜备述。

通口高12厘米　径6.5厘米

图版 85 官模子满文天官赐福四字蝈蝈葫芦 道光

通口高11.8厘米　口径5.6厘米

范四瓣，每瓣两螭之间范满文。经屈六生先生读为"天官福赐"四字。满文右行，动词在名词后，故即"天官赐福"。

自此器起直至图版118（八棱印章）共葫芦三十四具，皆经东四四条3号（东口路北第二门）满族金君售出，宗室永良之子绵宜世居此宅。永良府邸在地安门慈慧殿，所范匏通称"慈慧殿官模子"。绵宜同、光间又在沈阳开园种植。三十具中惟此色泽较深，年代较早，疑为永良所制，其余当出绵宜之手。惟绵宜既世代艺匏，取先人所遗木范继续使用，自在意中。故三十具所用之范，孰为道光时制，孰为同、光时制，实难详考。

绵宜所种葫芦有一特色，即历时百余载，色泽仍浅，宛似近年所范。自予初见迄今，亦逾半世纪，颜色几无变化。此殆受三河刘之影响，控制施肥，以求糠胎，而表皮亦因未能长足，迟迟不转深黄矣。

图版 86 官模子四开光博古图蝈蝈葫芦 晚清

通口高14.8厘米　口径6.2厘米

模痕六道。委角长方形开光凡四，内分别范出八卦狻猊炉，戟（吉）磬（庆）有鱼（余）瓶，朝天耳狻猊方炉，插如意、孔雀翎铜尊，各有什物陈置左右。

图版 87 官模子四季花卉蝈蝈葫芦 晚清

范四瓣，分别范出牡丹、荷花、菊花、梅花四种花卉。

通口高15.4厘米　口径6.1厘米

图版 88 官模子云龙麟狮纹蝈蝈葫芦 晚清

通口高17厘米　口径6.7厘米

范四瓣。四龙居中，两麟在上，两狮在下。流云缀地，与六蝠（图版76）、孔雀两器（图版79）如出一手。

图版 89 官模子山水人物蝈蝈葫芦 晚清

通口高17.7厘米　口径6厘米

范四瓣，花纹曾用火笔描绘。林下一老人披蓑衣，戴竹笠，伛背张伞，急行过桥。后一舟子亟欲泊船芦苇丛中，是狂风骤雨之景。对岸有人信步闲行，钓者荷鱼而归。杨柳垂条，村家门敞，又是日丽风和之象。不知何以一器之上，气候不齐，所写亦不类历史故事。无以名之，只得泛称之为山水人物。

图版 90 官模子凤仪亭故事蝈蝈葫芦 晚清

通口高17.5厘米　口径6.2厘米

范四瓣。方亭之前，吕布貂婵携手而行，两情眷恋。假山外，董卓持戟来寻，怒不可遏。所图为三国故事。

三十年代初，于东四古玩店得凤仪亭木范，后十余年得此葫芦，纳入比试，若合符节。可谓母子离而复合，亦奇遇也。

图版 91 官模子凤仪亭四瓣阴文蝈蝈葫芦木范 道光

范四瓣，被粘合成两块，穹然如屋瓦。其外髹黑漆，并彩油花卉，是已将畦中扣悬之模具，改成案头赏玩之陈设。据髹漆风格，改制年代当在清末民初，绵宜种植葫芦已停止有年矣。

高18.2厘米　口径8.2厘米
腹径7.8厘米

图版 92 官模子水浒故事蝈蝈葫芦 晚清

通口高17.2厘米 口径6.2厘米

《水浒传》第三十回《武行者夜走蜈蚣岭》,叙述武松从张青、孙二娘店中出走,为避捕缉,头戴铁戒箍,颈挂人顶骨数珠,乔扮成行者模样。行至蜈蚣岭,见妖道与妇人在庵中作乐,怒而杀之。葫芦上所见,与故事情景无不吻合。

范四瓣。花纹颇清晰,但又经火笔钩描。

图版 93 官模子春梦图蝈蝈葫芦 晚清

通口高17厘米　口径5.5厘米

芳草地上，湖石围中，一女子坐石床昼寝，背面乃其梦境。左侧双蝶叠翅齐飞，比兴画意。曾见安肃模子秘戏图，视此更为庸俗矣。

图版 94 官模子古老钱纹蝈蝈葫芦 晚清

范四瓣。钱纹为安肃模子常用题材，官模子中则颇为罕见。

通口高12厘米　口径5.5厘米

图版 95 官模子笸箩纹蝈蝈葫芦 晚清

通口高11.6厘米　口径5.4厘米

范四瓣。名曰"笸箩纹"，其造型及图案细部实摹拟汲水之柳罐。笸箩平扁如箕，结扎通体如一，故圆形之葫芦不宜取法。雕制此范则曾面对柳罐仔细刻画，故能逼真如此。

图版 96 官模子万福纹蝈蝈葫芦成对 晚清

范四瓣。图案近似织锦，方格卍字与八方格蝙蝠相间成文，寓"万福"之意。两件花纹均挺拔无瑕，整洁可喜。

通口高11.8厘米　口径6厘米

图版 97 官模子百寿图蝈蝈葫芦 晚清

范四瓣。每瓣寿字五行，行五字，满一百之数。篆体，写法各异，即在寿屏或中堂等礼品中可见者。

通口高12.7厘米　口径6.2厘米

图版 98 官模子团窠花卉纹蝈蝈葫芦 晚清

范四瓣。斜卍字为地，上押十三团窠。窠中饰以梅、竹、荷、葫芦、石榴、秋海棠、玉兰、兰草、缠枝莲等。有形态罕见，不知其名者。

通口高12.4厘米　口径5.7厘米

图版 99 官模子牡丹纹蝈蝈葫芦 晚清

范四瓣。牡丹盛开者十二朵，间以枝叶花蕾，图案对称齐整。

通口高12.2厘米　口径5.7厘米

图版 100 官模子四君子图蝈蝈葫芦 晚清

通口高12厘米　口径4.8厘米

范四瓣。梅、兰、竹、菊各占一瓣。花纹繁密，使人忆及文伯仁之《四万图》。

图版 101 官模子花卉纹蝈蝈葫芦 晚清

范四瓣。花卉四种：牡丹、秋葵、石榴、秋海棠。枝叶交搭，有侵入相邻一瓣者，借此可略破构图拘束呆滞。

通口高12厘米　口径5.6厘米

图版 102 官模子双龙纹蝈蝈葫芦 晚清

模痕六道。两龙姿态相同，身四折，间有为流云所遮。五爪。龙纹亦为安肃模子常见题材，但多为四爪。

通口高11.6厘米　口径5.6厘米

图版 103 官模子龙凤纹蝈蝈葫芦 晚清

通口高11.8厘米　口径5.6厘米

范四瓣。龙身横尾卷，造型奇特。凤展翼飞翔，与龙相对。龙凤上下，实以八宝，上为轮、螺、伞、盖，下为花、罐、鱼、肠。

图版 104 官模子狮纹蝈蝈葫芦 晚清

范四瓣。以隐起不高之梅竹冰绽纹作地,是为第一层。八宝上下各四,凸起稍高,是为第二层。中伏双狮,丰颅硕耳,高出表面一、二分许,是为第三层。借层次之变化突出主题,地文亦繁而不紊,故耐人把玩。

通口高11.7厘米　口径5.8厘米

图版 105 官模子四狮纹蝈蝈葫芦 晚清

通口高11.8厘米　口径6厘米

范四瓣。四狮分成两对,各俯仰相向,题材虽与前一件相似,图案设计及花纹清晰度均较差,未免相形见绌。

图版 106 官模子鹤鹿同春图蝈蝈葫芦 晚清

通口高11.4厘米　口径5.5厘米

范四瓣。两鹤悠悠，双鹿濯濯，颇能状其闲适之态。背景为长松修竹，仙桃灵芝，仿佛远隔人寰，别有洞天。

图版 107 官模子秋郊仕女图蝈蝈葫芦 晚清

通口高11.5厘米　口径5.8厘米

范四瓣。坡间一女子荷竿提篮，向泽畔行来。芦苇丛中，有舟舣缆。高髻妇人，倚篷远眺。所图不类历史故事而是秋日郊游之景。

图版 108 官模子七夕图蝈蝈葫芦 晚清

通口高11.7厘米　口径6.1厘米

范四瓣。云端织女坐机旁，地上牛郎仰首望。中隔天河，水势汹涌，波面飞鹊联翼成桥。图中景物与家喻户晓之七夕故事无不吻合。

图版 109 官模子酒香花韵图蝈蝈葫芦 晚清

通口高11.7厘米　口径5.5厘米

范四瓣。小楼三楹，挑出酒帘。门对池塘，荷花盛开。上题"酒香花韵"四字。左一圆印，篆书"笔华"二字。笔华为艺匏主人，抑为制范画手，待考。

图版 110 官模子海市蜃楼图蝈蝈葫芦 晚清

通口高11.5厘米　口径5.2厘米

　　范四瓣。万顷波涛中，一龙涌现。噀气上冲，幻出楼阁。左侧湿云弥漫，只鹤横空，似报骤雨将至。三寸葫芦，竟兼摄海天之景。按李时珍《本草纲目·蛟龙》条："蛟之属有蜃，……能吁气成楼台城郭之状；将雨即见，名'蜃楼'，亦曰'海市'。"图当本此。

图版111 官模子扬帆出海图蝈蝈葫芦 晚清

范四瓣。大江水阔流急，舳舻相接，双桅张帆，似将出海远航。江边树木楼阁，堤岸石阶，纤悉可数。惟纹细景繁，须旋转谛视，始得其全。

此器与海市蜃楼（图版110）皆小中见大，有咫尺千里之势，在范匏中实不多见。

通口高11.8厘米　口径5.2厘米

图版112 官模子女仙图蝈蝈葫芦 晚清

通口高10.9厘米　口径5.5厘米

范四瓣。一女立水上，裾带飘然，似古人所绘洛神。一女立云中，举篮斜倾，百花飞出，缤纷满空。所图或为天女散花故事。

图版 113 官模子以虫鸣秋蝈蝈葫芦 晚清

通口高11.8厘米　口径5.7厘米

范四瓣。每瓣四螭,两两相对,尾如卷草,旋转成文。螭间空隙,范出"以虫鸣秋"篆文四字。

图版 114 官模子钟鼎铭文蝈蝈葫芦 晚清

通口高12厘米　口径5.3厘米

范四瓣。缠枝莲纹作地，每瓣正中范钟鼎铭文，下用篆文标明彝器名称。经张苑峰先生释读，一为申鼎铭文"宝鼎"二字，下标"申鼎"二字；二为周鸡单卣铭文，下标"鸡单卣"三字；三为商鹿钟铭文，下标"鹿钟"二字；四为秉仲鼎铭文，下标"秉仲鼎"三字。以上除一见宋薛尚功《历代钟鼎彝器款识法帖》外，余均见嘉庆时成书之王复斋《钟鼎款识》。

图版 115 官模子玉壶买春蝈蝈葫芦 晚清

通口高11.8厘米　口径5.5厘米

范四瓣。缠枝莲纹作地，以文字组成图案。一壶形器，颈有"玉"字，腹有"买春"二字，合则成为"玉壶买春"。一落叶，中有"报秋"二字。篆文诗二句："自是君身有仙骨，何妨皮里具春秋。"按"仙骨"指仙瓢，见唐郑审诗。"皮里春秋"乃借用《晋书·褚裒传》中语而赋以新意，谓葫芦里可以贮虫，有关春秋节令也。

图版 116 官模子公余遣兴蝈蝈葫芦 晚清

通口高11.3厘米　口径6.4厘米

范四瓣。缠枝莲纹作地，以器物、文字组成图案。一弦纹觯，上有篆书"公余遣兴"四字。一鹅颈壶，上有"秋兴"二字。"玉壶买春"及"报秋"与前一器同。

同、光间绵宜在沈阳植匏，官盛京户部侍郎，"公余遣兴"四字正合其当时口吻。

图版 117 官模子怀我好音蝈蝈葫芦 晚清

通口高11.6厘米　口径5.4厘米

范四瓣。四面开光，形为长方、八方、椭圆及正圆。其中文字皆篆体，分别为"撩人清梦"，"声闻于外，美在其中"，"怀我好音"，"匏品金声"。语语双关，不离蝈蝈与葫芦。开光之外以缠枝莲纹作地。

图版 118 官模子八棱印章蝈蝈葫芦 晚清

形作八棱，范仍是四瓣。每棱图案上为暗八仙，中为印章，下为八宝。印章形状方圆不一，印文为"鸿"、"山水清音"、"因缘"、"砚田"、"墨韵"、"明月筵篱"、"山间明月"。余一模糊难辨。

通口高11.6厘米　口径4.8厘米

图版 119 官模子双龙纹蝈蝈葫芦四瓣阴文木范 道光

高15.6厘米　口径8.2厘米
腹径7.8厘米

范四瓣。已粘合成两块，内阴刻云龙纹。范外髹紫漆，彩绘云龙并用金钩描。漆工年代似早于凤仪亭（图版91）一具。

图版 120 官模子风雨归舟图蝈蝈葫芦阳文木模 道光

高29厘米　口部径7.6厘米

　　模由梨木六条拼成,加中心可抽出者共七条。故翻成瓦范,用以套束葫芦,可见模痕六道。上端有铜箍,借以将木模套紧固定,翻瓦范时始不致移动错位,保证花纹连贯齐整。

　　模上刻一人张伞,蜷跼船中。舟子撑篙,逆风而上。树木、芦荻皆向一方倾斜,写出骤雨狂风之势。按八角鼓子弟书中《风雨归舟》为脍炙人口之唱段,此用形象艺术现之于葫芦之上,足见其为当年喜闻乐见之题材也。

图版 121 安肃模南极老人蝈蝈葫芦 清中晚期

模痕六道。南极老人一手持杖,一手捧桃。鹿在松下,拳足回首;鹤立石畔,啄噙灵芝。花纹漫漶不清,乃因木模镂刻欠精。民间制品,草草从事,与官模子自有差异。葫芦色已深红,似不能晚于清代中晚期,可视为安肃模之早者。

通口高13.6厘米　口径6.4厘米

图版 122 安肃模蟠桃献寿图蝈蝈葫芦 晚清

模痕六道。西王母手持麈尾,荷竿挑篮,内盛蟠桃。旁一猿猴,捧桃跪献,状至恭谨。上有桃树,果实累累,此外更以瑞鹿仙鹤,点缀出神仙境界。此亦为安肃模,晚于南极老人一件至少数十年。

通口高10.8厘米　口径6厘米

图版 123 安肃模筐箩纹蝈蝈葫芦 晚清

通口高13.5厘米　口径6.2厘米

模痕六道。与绵宜所范一件相较，虽图案细小，雕工实草率操刀。各条木模相邻处，花纹难免龃龉不齐。于此亦可见官模子与安肃模有精粗、文野之别。

图版 124 旧模新种缠枝莲纹蝈蝈葫芦 1938 年

此器于1938年经虫鸟估戴八送来，其里洁白如雪，嗅之尚有鲍瓢气味，谓是天津史老启所种。惟其造型及花纹，与官模子极相似，故疑为旧模新种。特嘱戴赴津时一为询问。归来告我，果为借得官模子木模，翻成瓦范，套制若干枚，此其一也。

通口高16厘米　口径4.9厘米

图版 125　王世襄手植又筠制款月季纹蝈蝈葫芦　1938 年

葫芦乃襄手种，所用木模乃襄手制。

唐冯贽《记事珠》载：梁王筠（字德柔）"好弄葫芦，每吟咏则注水于葫芦，倾已复注。若掷之于地，则诗成矣。"予喜与德柔同宗，亦好葫芦，并耽吟咏，因叚以"又筠"为号。

1938年在燕京大学东门外刚秉庙侧菜圃中试种葫芦，手制木模。车镟既成，摹张龢庵《百华诗笺谱》（光绪三十二年文美斋精刊朱印本）中月季一枝于上，倩海甸刻印社张君雕镂之，并送至东郊六里屯治埴者翻成瓦范。是年蚜虫为虐，仅得两三器，且胎薄不惬吾意，此其一也。

十余年后，赵子臣知予有此模，多次登门求借，并曰："所种既不惬意，曷不送交天津摆设（种葫芦者绰号）范制。如有佳者，定以为献。"予不胜其扰，乃付之去。不意此后竟无消息，宣子臣、摆设相继逝世，此模亦不可踪迹矣。

1983年香港曾柱昭先生惠寄《国际亚洲文物展览图册》（*International Asian Antiques Fair*, 1983, May），其中刊出用此模制者两器，始知子臣狡黠，得佳者善价而沽，不使予见，终乃流出国门。两器皆生长成熟，故皮色易变深黄，且经摩挲盘弄，仿佛是百年前物，曾君等遂定其年代为1800—1900。若然，则予竟是嘉庆、道光时人，不禁为之哑然失笑也。

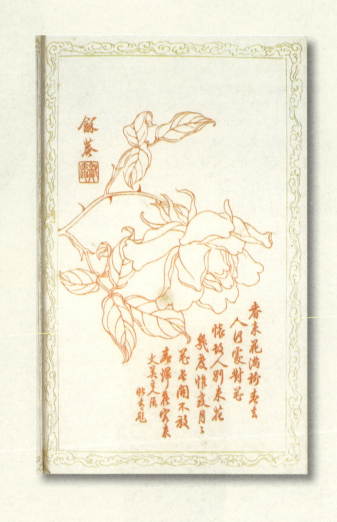

通口高17.2厘米　口径6.6厘米

图版 126 三河刘棒子式小蝈蝈葫芦成对 咸丰

通口高14厘米　口径4.6厘米
通口高13.8厘米　口径4.8厘米

　　无花纹，惟抟泥翻范时先用纸包裹木模，故葫芦上出现不规则纸纹。以此，人或称之曰纸模子。实则仅用纸糊，不能成范也。

　　玉米，北京俗称"棒子"。葫芦外形与玉米相似，故曰"棒子式"。

　　此为蝈蝈葫芦之至小者，宜贮养翠绿色小蝈蝈。其长短及围径与札嘴葫芦相差不多，故亦可用以贮札嘴。

图版 127 三河刘柳叶棒子式蝈蝈葫芦 咸丰

有纸纹，模痕六道隐约可见。瘦底尖,故有柳叶棒子之称。

通口高17厘米　口径5.5厘米

图版 128 安肃模木瓜棒式蝈蝈葫芦 晚清

通口高14.8厘米　口径6.6厘米

此为安肃模之无文者。翻成瓦范后，内部又经打磨，故模痕难辨。所谓木瓜乃黄色有香之果实，三五枚陈置盘中，可作岁朝清供者也。

图版 129 王世襄火画北宗山水天津模蝈蝈葫芦 约 1935 年

通口高17.8厘米　口径6.7厘米

自此以下火画蝈蝈葫芦四件，均为1935年前后天津史老启等人所制。同为木模翻瓦范，因模上包纸或不包，瓦范打磨或不磨，遂使葫芦表面多不同。

此件摹举杯玩月图，传为马远所作。

图版 130 王世襄火画北宗山水天津模蝈蝈葫芦 约 1935 年

通口高18厘米　口径5.8厘米

此件摹明王谔溪桥访友图，稍有简略，使景物周匝衔接。谔四明人，乃浙派之佼佼者。

北宗多斧劈皱，以铁笔出之，似较披麻、解索为易。

| 图版 131 王世襄火画采莲图天津模蝈蝈葫芦 约 1935 年 | 图版 132 王世襄火画封侯图天津模蝈蝈葫芦 约 1935 年 |

通口高16.7厘米　口径5.7厘米　　　　　通口高17厘米　口径5.9厘米

　　此件用极热针画柳树，温热针画柳条，拟唐六如采莲图笔意。

　　松上有蜂房，松下稚猴偎母怀以防螫伤，吉祥图案所谓"封侯图"是也。窃以为高官贵爵，未必吉祥。又假虫豸、兽畜谐声会意，故亦可视之为讽刺画也。

图版 133 深黄勒脖扎嘴葫芦 晚清

勒脖者并未施范，只在成长时以绦带勒束之，使长成为三停匀称，适宜贮鸣虫之葫芦。

此器贮扎嘴大小合度，造型端正而色泽甚美，十分难得。

通口高13.8厘米　口径4.4厘米

图版 134 玉簪棒式本长扎嘴葫芦 晚清　勒脖倒栽扎嘴葫芦 近代

玉簪棒言其造型近似含苞未放之玉簪花。

倒栽谓将生长时在上之蒂柄，改成贮虫葫芦之底，倒置成器也。

通口高12.5厘米　口径4.5厘米
通口高12厘米　口径4.3厘米

图版 135 官模子筘箩纹鱼篓式札嘴葫芦 道光

范四瓣，底足内瓣痕清晰可见。造型如鱼篓，取其扁薄，易于入怀。此为官模子之别出心裁者，极为难得。

通口高9.5厘米　宽8厘米
厚5.1厘米

图版 136 官模子八方篆文札嘴葫芦 道光

通口高5.4厘米　腹径7.2厘米

不见范痕，据其造型，当为四瓣或八瓣。篆文八字，读为"玉壶贮暖，金谷留春"。其中惟释"暖"字颇费踌躇。经检得"暖"可写作"㬉"。始无疑义。

原有象牙盖，突起乳状七丁，中有透孔，知曾作贮虫之用。但只能容札嘴或极小之蝈蝈。

| 图版 137 官模子云龙纹札嘴葫芦成对之一 道光 | 图版 138 官模子缠枝莲纹札嘴葫芦 晚清 |

| 通口高13.3厘米 口径4.3厘米 | 通口高13.8厘米 口径4厘米 |

| 范四瓣。中为云龙，上为暗八仙，下为八宝。两器同出一范，尺寸微有出入，乃因翻有大小、口有厚薄之异。此件花纹饱满利落，另一低浅模糊。一范所生而清晰度能有极大差异。 | 范四瓣。造型与前云龙纹一对颇相似，而年代较晚。
此器亦经绵宜后人售出。 |

图版 139　乾黄倒栽油壶鲁葫芦　晚清

身材较高，宜用以贮粘药油壶鲁。象牙口框，梅花纹黑色槟榔瓢蒙心（图版182）。

1930年前后，勤行张师傅于冷摊得有柄约腰葫芦，截成此器，投入粘药笨油壶鲁，音响甚佳。养虫家无不称道，以为可遇而不可求。

通口高11厘米　口径6.2厘米

图版 140　深黄倒栽油壶鲁葫芦　约1930年

葫芦顶部邻近蒂柄处，尖者多而圆者少，此倒栽竟圆如葫芦底肚，故可不安底托，甚为难得。腰松而身不甚高，为听本叫大油壶鲁或翅子之理想用具。象牙口框，八宝象牙蒙心（图版174）。

此器于1930年前后购自徐水植匏者，不数年而颜色转黄，今则圆熟如百余年物，实因其生长成熟并经盘弄之故。葫芦色泽虽可为推断年代提供依据，但亦时有例外，故应从多方面作出判断，而不宜全凭其颜色深浅也。

通口高10厘米　口径6.5厘米

图版141 官模子锦纹漱口盂式油壶鲁葫芦 道光或较早

模痕六道。周身龟背锦纹而每格实以枣花一朵。口际蕉叶纹一道,叶皆向上,与所见之官模子蕉叶均下垂者不同。且体形较大,色泽深黄,造型古拙,在所见官模子油壶鲁葫芦中以此为最早,其模制年代有可能在道光之前。象牙口框,岁寒三友纹镶碧琉璃珠象牙蒙心(图版180)。

东四四条王星杰,内务府当差,并开设金店,雄于赀财,喜畜虫,曾选所爱葫芦装璜成两堂。其一位居木匣之中者为文三火画九秋图沙酒壶式三河刘。另一居中即此器。评诠高下,时人皆重三河刘而轻官模子,幸与予所见大异,否则散出时非予力所能致矣。

通口高9.5厘米 腹径7厘米

图版 142 官模子道光年制福庆有余漱口盂式油壶鲁葫芦 道光

通口高8.8厘米　腹径6.8厘米

　　范痕难辨。花纹分上下两栏。上为磬、鲶鱼、盘肠，下为蝙蝠、卍字、寿桃，寓"福庆有余，万寿年长"之意。底足方框内楷书"道光年制"四字。

　　按康、乾两朝禁苑所范，一律为"赏玩"款，而此改用"年制"，似足以说明乃府邸所种，为避免僭越，不得不改。衡以常理，如仍供御玩，则必然遵循前规，无须更改也。

图版143 官模子四龙纹油壶鲁葫芦 晚清

范四瓣,每瓣一龙,皆五爪,两两相对。沿口下垂蕉叶纹。

此器及以下官模子油壶鲁葫芦两具皆经绵宜后人售出。

通口高9.8厘米　腹径6厘米

图版144 官模子双龙纹油壶鲁葫芦 晚清

通口高10厘米　腹径5.8厘米

范四瓣。行龙首尾相逐,间以火焰珠,空闲处饰以流云及八宝。象牙口框,蛱蝶缠枝花纹玳瑁蒙心(图版187)。

图版145 官模子龙凤纹油壶鲁葫芦 晚清

通口高10.6厘米 腹径5.7厘米

范四瓣。龙身三折,夭矫有势;凤一足卓立,两翼开张;在程式化龙凤纹基础上略见新意。象牙口框,缠枝花玳瑁蒙心。

图版146 三河刘和尚头式油壶鲁葫芦成对之一 咸丰

范痕六道，隐约有纸纹。肚长圆，髡然光秃，故名曰"和尚头"。为三河刘之常见式样。其身多不高，只宜听本叫，因当时人尚不知粘药，更不知叫粘药之虫须用高葫芦。象牙口框，福寿暗八仙纹象牙蒙心（图版175）。

通口高8.8厘米　腹径5.8厘米

图版147 三河刘和尚头式高身油壶鲁葫芦 咸丰

与前器虽同为和尚头式，然肚、翻均较长，乃三河刘中百不一见之高身葫芦。清末民初，只知听本叫，此器不免因不易出音而束诸高阁。本世纪二十年代以还，粘药盛行，此器竟因三河刘绝少高身者而身价十倍，虽三、五对三河刘亦难易此一器。乐咏西之棠梨肚，余叔岩之大白皮，王星杰之沙酒壶皆高身三河刘而煊赫一时者也。象牙口框，双凤朝阳玳瑁蒙心（图版179）。

通口高9.5厘米　腹径6厘米

图版148 三河刘滑车式油壶鲁葫芦 咸丰

略见纸纹,范痕难辨。腰居中,上翻、下肚大体对称者为"滑车式"。表皮光泽,几可照人,在三河刘中极罕见。造型矬矮,宜养本叫油壶鲁,亦可用以贮金钟。象牙口框,文三精雕龙凤纹象牙蒙心(图版171)。

通口高7.2厘米　腹径6厘米

图版149 三河刘油壶鲁葫芦 咸丰

有纸纹,但六道模痕隐约可见。形态近似滑车式而腰稍高。1930年前后天津大量范制之"咘咘噔式"即从此变出。腰收敛,翻加长,均为适宜叫粘药之虫而改其造型。象牙口框,凤穿牡丹纹玳瑁蒙心(图版185)。

咘咘噔,儿童玩具,玻璃制成,可吹出声响。《燕京岁时记》称:"形如壶卢而长柄,大小不一,皆琉璃厂所制。儿童呼吸之,足以导引清气。"

通口高6.8厘米　腹径6.8厘米

图版150 陈锦堂押花秋塘游鱼图天津模油壶鲁葫芦 近代

美国奈尔逊美术馆藏，布朗女士捐赠
高9厘米 径9.5厘米

　　画景为丹桂池塘，湖石畔蓼花丛菊，池内金鱼数尾，乃是秋日园林。写生错落有致，押痕深浅有层次，正是其高出小雷、怯郭处。款识"癸亥秋八月锦堂作"，"陈"字小印一，盖押于1923年，所用葫芦即当地宣氏范制者。

| 图版 151　红雁倒栽蛐蛐葫芦　清初 | 图版 152　李润三火画本长蛐蛐葫芦　约 1920 年 |

通口高12.9厘米　腹径4.3厘米

通口高12.2厘米　腹径4.9厘米

此乃麻花胡同纪家旧藏之"红雁",清末民初与"紫雁"为京师最驰名之蛐蛐葫芦。红、紫言其色,雁言其形,谓修长如雁脖也。

1934年秋行经东四万聚兴古玩店,名葫芦贩孙猴(姓孙,因精明过人而得此绰号,是时年已七旬)先我而在,手持红雁与店东葛大议价。轻予年幼,未必识货,予价不谐,彳亍欲去。正待出门,予已如数付值。渠急转身,已不可及,大为懊丧,不禁失色。是时予虽知葫芦绝佳,但对其来历,茫然不晓。后承讷绍先生见告,乃知即赫赫有名之红雁。倒栽底部不镶牙托而以同色之葫芦填补乃红雁特征之一。据讷老称,紫雁视此色泽浓艳而身矬,停匀秀丽则远逊。

红雁购得时,有口无框,牙已开裂,故只得更换口框并配以玳瑁蒙心。

王星杰旧藏。高于老式蛐蛐葫芦,可视为本世纪二十年代粘药初流行时所尚之式样。肚上皮伤如豆大,李润三火绘灵芝坡石以掩之,尚秀润可喜,只炙痕已淡褪殊甚。象牙口框,玳瑁蒙心。

图版 153 深黄本长蛐蛐葫芦 约 1940 年

高身，肚、腰、翻柔婉相接，造型端正，为贮粘药蛐蛐之理想用具。1940年戴八从天津将来，谓是当地所种，经历半世纪，色泽已深黄，红木口框，梅花纹椰壳蒙心。

通口高13.4厘米　腹径5.8厘米

图版 154 本长大蛐蛐葫芦 约 1940 年

此蛐蛐葫芦之至大者，非7.8厘之虫，翅厚筋粗，且经粘药，难有好音。如用以养粘药大翅或长衣子则更佳，养虫家知蛐蛐之能入此者其价必昂，故戏称之曰"富贵葫芦"。正复因此，数十年来多闲置，虫佳而索值不奢者实难逢也。象牙口框，仁义顺松鼠葡萄玳瑁蒙心（图版188）。

通口高14厘米　腹径5.9厘米

图版 155 官模子七绝谜语蛐蛐葫芦 道光

范四瓣，与五言、七言诗蝈蝈葫芦（图版73、74）当为一家所范，惜上口裁切过多，已亏翻。诗曰："年少青青到老黄，十分拷打结成双。送君千里终须别，弃旧怜新抛路旁。"谜底为草鞋。象牙口框，牵牛花蛱蝶玳瑁蒙心（图版184）。

通口高9.2厘米　腹径5.2厘米

图版 156 官模子七绝谜语蛐蛐葫芦 道光

通口高10厘米　腹径5.2厘米

范四瓣，与前器为一家所范。诗曰："短发蓬松绿未匀，袈裟脱却着红裙。从今嫁与张郎去，赢得僧敲月下门。"谜底百思不得。求教于启元白尊兄，谓可能为园卉锦灯笼，又名豆姑娘儿。初生时果实蒂上有小须，果外有绿色薄皮笼罩。成熟后皮开露出红色果实。黄檀口框，象牙牡丹纹蒙心。

图版 157 官模子倒栽寒江独钓图蛐蛐葫芦 道光

范四瓣。底部蒂柄痕迹显著，竟是倒栽。不论为官模子、三河刘、安肃模、天津模，施范于倒栽者，只见此一例，可谓绝无仅有。花纹极简，又不甚清晰，却能写出柳子厚"独钓寒江雪"诗意。红木口框，兰花纹椰壳蒙心。

通口高10厘米　腹径4.5厘米

图版 158 官模子八宝云蝠纹蛐蛐葫芦 晚清

范四瓣。上为轮、盖、伞、螺，下为花、肠、鱼、罐，中为蝙蝠流云。黄檀口框，梅花纹椰壳蒙心。

此器及以下官模子蛐蛐葫芦两具皆经绵宜后人售出。

通口高10厘米　腹径5.3厘米

图版 159 官模子八宝暗八仙纹蛐蛐葫芦 晚清

范四瓣。上为轮、盖、伞、螺，下为花、肠、鱼、罐。中为暗八仙：宝剑、花篮、笛、拍板、扇、渔鼓、莲花、葫芦。象牙口框，仁义顺云鹤玳瑁蒙心（图版184）。

通口高10.5厘米 腹径5.2厘米

图版 160 官模子双狮纹蛐蛐葫芦 晚清

范四瓣。两狮首尾相接，丰颅大耳，雄伟而有憨稚之气。上下以八宝为饰。黄檀口框，染牙蒙心。

通口高10厘米 腹径5.2厘米

图版 161 官模子·素蛐蛐葫芦 道光

通口高10.2厘米　底径5.5厘米

人称"三河刘不花，官模子不素"，谓从未有范花之三河刘，光素无文之官模子。其言一半可信。当年所识之葫芦估及罐家，均谓官模子有少数光素者，出自地安门内慈慧殿（一说出自海淀某王府）。此平底近似滑车式蛐蛐葫芦，曾经彼等鉴定为官模子，且谓尚有与此造型相似之油壶鲁葫芦。后余亦获见，并得一有裂纹者，"文革"中失去。

范痕难辨，似仍是木模翻瓦范。乌木口，象牙框，太狮少狮椰壳蒙心（图版170）。

| 图版 162 文三火画山水三河刘蛐蛐葫芦 咸丰 | 图版 163 雁脖式倒栽梆儿头葫芦 晚清 |

成对之一，纸纹甚多，模痕难辨。经文三火画山水，惜已淡褪。山石树木，桥上行人，隐约可见，象牙口框，玳瑁蒙心。

通口高9.5厘米　腹径5.2厘米

通口高14.7厘米　腹径4.7厘米

梆儿头，善腾跃，故须置之长颈葫芦，以防逸去。养虫家以其不入品，只偶一购之，故葫芦亦甚少。今收此例，聊备一格而已。红木口框及底托，椰壳蒙心。

图版 164 白二火画婴戏图本长金钟葫芦 晚清

金钟喜群居,一器可畜两对,故金钟葫芦大于油壶鲁葫芦,此白二所画,上卷火画一章已述及,请参阅。象牙口框,薄而窄,为标准晚清式样。双狮纹兽骨蒙心。

通口高7.3厘米　腹径6.7厘米

图版 165 深黄倒栽金钟葫芦 晚清

管平湖先生旧藏。倒栽而有此造型,可谓绝无仅有,许为金钟葫芦第一。象牙口框及蒙心。

通口高8.5厘米　腹径6.9厘米

图版 166　蝈蝈葫芦瓢盖三块　现代

五孔在前者径5.4厘米
五孔在后者径5.5厘米
七孔者径5.7厘米

瓢盖有五孔者，七孔者，背面挖薄者。往往一具葫芦备有数块不同孔数、不同厚薄之瓢盖，以期通过试用，求得最悦耳之鸣声。

图版 167　贴象牙蝈蝈葫芦瓢盖　近代（左）　贴象牙札嘴葫芦瓢盖　近代（右）

径6厘米

径3.6厘米

瓢盖贴象牙虽华美，但有碍发音，故为真正养虫家所不取。紫红大蝈蝈葫芦（图版62）说明中已言及，请参阅。

札嘴葫芦一块，象牙分两层，下一层可以拨动，改变孔之大小，有如餐桌上之胡椒粉瓶盖。貌似合理，实为多事，远不如多备几块不同孔数及孔径之瓢盖为佳。收此两例，意在告读者，葫芦饰件，未必雕琢装潢，穷工极巧者，乃行家里手所为。大都出妄人之手，难免识者"怯闹"之诮也。

图版 168 蝈蝈葫芦瓢盖与铜丝簧 现代

铜丝簧安在蝈蝈葫芦口内，因不易见，摄此特写。

瓢盖径5.4厘米

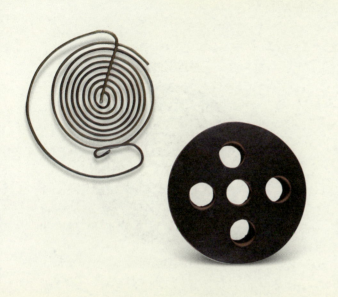

图版 169 紫红大蝈蝈葫芦所用瓢盖及铜丝簧 现代

瓢盖径5.5厘米

图示铜丝簧安在葫芦口内之情况。

图版 170 白二雕太狮少狮槟榔瓢蒙心 晚清

蛐蛐葫芦用。刀法不工，却能刻划出天真活泼之态。其形象似取材于哈叭狗。盖中国狮子早已程序化，现实生活中受人狎弄之小动物，亦被糅合到意想中之众兽之王，成为喜闻乐见之吉祥物。

蒙心径3.6厘米

图版 171 文三雕龙凤纹象牙蒙心 清末

油壶鲁或金钟葫芦用。厚牙雕成，龙身圆浑，镂刻至精。凤偏在一隅，不求对称，画面反较生动。此可视为文三之代表作。

径5厘米

图版172 文三雕梅花喜鹊纹象牙蒙心 清末

蛐蛐葫芦用。"梅"谐"眉",故此图案常被称为"喜上眉梢"。此为文三之中上制品,不及前例精美。

蒙心径4厘米

图版173 文三雕梅花纹染绿象牙蒙心 清末

蛐蛐葫芦用,厚牙雕成,雕后染绿,故通体一色。视产地白、绿两色者或红、绿、白三色者似较浑成朴质,雕工亦胜于前例喜上眉梢。

蒙心径3.6厘米

图版 174　八宝纹象牙蒙心　清

蒙心径5.5厘米

油壶鲁葫芦用。中为法轮，周匝为螺、伞、盖、花、罐、鱼、肠，合成八宝，以镂空流云作地。刀工较朴拙，时间可能在嘉、道间。因与晚清北京牙雕刻法不同，人或称之曰"广做"。

图版 175　福寿暗八仙纹象牙蒙心　晚清

油壶鲁葫芦用。中为蝙蝠寿桃，周匝剑、莲花、渔鼓、花篮、笛、葫芦、拍板、扇，皆八仙手中所持之物，用以象征八仙，故曰"暗八仙"。

蒙心径4.8厘米

图版176 刘海戏蟾高牙蒙心 晚清

美国福利尔美术馆藏
通高4.8厘米 径4.2厘米

油壶鲁葫芦用。刘海立蟾背，手持钱串，乃晚清、民国时期所谓活动高牙蒙心常见题材。

图版 177 唐三藏取经高牙蒙心 晚清

美国福利尔美术馆藏
高6厘米 径4.8厘米

油壶鲁葫芦用。蒙心雕《西游记》中人物，唐三藏取经一行师徒四人。

图版178 牡丹纹玳瑁蒙心 晚清

蒙心径5.2厘米

油壶鲁葫芦用。刻后不加打磨，刀痕尽在，类此风格者养虫家称之为"广做"。

图版179 双凤朝阳纹玳瑁蒙心 清

蒙心径5厘米

油壶鲁葫芦用。刀锋犀利，镂刻甚精，凤身羽毛，尤见功力，定出名手，惜无从查考姓氏，其年代当在道、咸之际。

图版 180 岁寒三友纹镶琉璃珠象牙蒙心 清

油壶鲁葫芦用。梅花松树,间以修竹,穿枝过梗,连缀成图。在每组松针中心镶一小碧色琉璃珠。设计虽巧,雕刻亦工,但反嫌过于雕琢。据刀法似亦为广做。

蒙心径4.8厘米

图版 181 常连雕牧牛图槟榔瓢蒙心 近代

金钟葫芦用。柳树下牧童骑水牛背,一手举梃,乃常连早年作品。

蒙心径5.3厘米

图版 182 常连雕梅花纹槟榔瓢蒙心 近代

蒙心径4.2厘米

　　油壶鲁葫芦用。梅花颇疏朗。虽用椰壳,选料甚精,常连中年所作。

图版 183 常连雕梅花纹小玳瑁蒙心 近代

蒙心径1.7厘米

　　蛐蛐葫芦用。梅花开者花瓣犀利,含苞者圆润,犹有乃父遗风。

图版 184 常连雕牵牛花蛱蝶纹玳瑁蒙心 近代　仁义顺云鹤纹玳瑁蒙心 近代

蒙心径3.4厘米
蒙心径3.3厘米

　　均蛐蛐葫芦用。对比之下，前者纹样较大，后者较小；前者用刀不繁而磨工多，后者纹路纤细而磨工少；前者较生动，后者较拘谨。故常连技艺在仁义顺刻工之上。

图版 185 李润三雕凤穿牡丹纹玳瑁蒙心 近代

油壶鲁葫芦用。凤凰一飞一立，牡丹盛开，流云映带，并就上部浅色玳瑁，留作旭日。刀工不在双凤朝阳蒙心（图版179）下，足见守业对清代传统技艺曾作潜心之研究，勤奋之实践。

蒙心径4.5厘米

图版 186 仁义顺云蝠纹玳瑁蒙心 近代

蒙心径4.5厘米

油壶鲁葫芦用。仁义顺葫芦店艺人所制，姓名不详。八蝠与流云组成图案。卷云中心及蝙蝠翅尖皆起小旋，使整体有统一之旋律。

图版 187 仁义顺蛱蝶缠枝花纹玳瑁蒙心 近代

油壶鲁葫芦用。仁义顺葫芦店艺人所制,姓名不详。透镂缠枝花上压双蝶。

蒙心径4.4厘米

图版 188 仁义顺松鼠葡萄纹玳瑁蒙心 近代

油壶鲁葫芦用。仁义顺葫芦店艺人所制,姓名不详。玳瑁紫黄两色,就紫色雕葡萄及松鼠,黄色雕枝叶,亦巧做之一种。此图案枝梗极为纤细,当年定制,刻工加倍收值。

蒙心径4.5厘米

插图目录

1	张辛绘绾结葫芦 《清仪阁所藏古器物文》册四	7
2	唐八臣瓢 《支那工艺图鉴》第四辑	9
3	玄烨赐弘历葫芦笔筒 《故宫文物》一卷十二期	10
4	康熙赏玩六瓣云纹碗，北京故宫博物院藏	10
5	康熙赏玩寿字纹碗，曾柱昭、莫士拸文图2	11
6	康熙赏玩八方笔筒，北京故宫博物院藏	11
7	康熙赏玩花卉树石纹瓶，曾柱昭、莫士拸文图1	11
8	乾隆年制十四瓣盘，北京故宫博物院藏	12
9	乾隆赏玩蝶纹碗，曾柱昭、莫士拸文图4	12
10	乾隆赏玩圆环穿卷草纹碗，曾柱昭、莫士拸文图5	12
11	乾隆赏玩寿字云蝠纹笔筒，曾柱昭、莫士拸文图3	13
12	乾隆赏玩九桃匏，北京故宫博物院藏	13
13	王世襄火画葫芦用针	20
14	紫红押花蝈蝈葫芦，曾柱昭、莫士拸文图21	22
15	陈锦堂押花油壶鲁葫芦，曾柱昭、莫士拸文图30	22
16	小雷押花山水纹瓶，曾柱昭、莫士拸文图28	23
17	陈锦堂押花蛐蛐葫芦，曾柱昭、莫士拸文图34	23
18	陈锦堂押花蛐蛐葫芦，曾柱昭、莫士拸文图35	23
19	小雷押花蝈蝈葫芦，曾柱昭、莫士拸文图25	23
20	十石室刻梅花纹葫芦，曾柱昭、莫士拸文图29	26
21	六种鸣虫图：蝈蝈、札嘴、油壶鲁、蛐蛐、梆儿头、金钟	29—30
22	六种鸣虫所用葫芦示意图及葫芦各部位名称	31—33
23	笨油壶鲁、长膀子油壶鲁、大翅油壶鲁	41
24	世襄听秋图（袁荃猷速写）	42
25	粘药蝈蝈、粘药油壶鲁	44
26	管平湖先生小影	45

图版目录

图版1 红色大约腰葫芦 附乾黄六棱小鼻烟壶
　　　清中期 49
图版2 王世襄火画赤壁图大匏 晚清 50
图版3 康熙赏玩款押花龙凤纹夹扁葫芦 清前期 51
图版4 凫形勒扎葫芦 清 51
图版5 绾结葫芦成对 清 52
图版6 康熙赏玩弦纹碟成对 康熙 53
图版7 康熙赏玩番莲纹蒜头瓶 康熙 53
图版8 康熙赏玩四兽纹尊 康熙 54
图版9 康熙赏玩寿字纹葫芦瓶 康熙 55
图版10 康熙寿字莲纹圆盒 康熙 56
图版11 康熙赏玩如意云纹盖罐 康熙 56
图版12 康熙匏槽二弦 康熙 57
图版13 康熙匏槽提琴 康熙 58
图版14 康熙匏槽三弦 康熙 59
图版15 康熙匏槽月琴 康熙 60
图版16 乾隆赏玩番莲纹盘 乾隆 61
图版17 乾隆赏玩卷草纹碗 乾隆 61
图版18 乾隆赏玩云龙纹碗 乾隆 62
图版19 乾隆寿字纹尊 乾隆 62
图版20 乾隆赏玩卷草纹瓶 乾隆 63
图版21 乾隆赏玩六棱云寿纹瓶 乾隆 63
图版22 乾隆赏玩八仙纹瓶 乾隆 64
图版23 乾隆御题缠枝莲纹纸槌式瓶 乾隆 66
图版24 乾隆赏玩饕餮纹炉 乾隆 67
图版25 乾隆双龙纹扁壶 乾隆 67
图版26 乾隆赏玩缠枝莲纹盖罐 乾隆 68
图版27 官模子六方回纹葫芦 道光 69
图版28 官模子介尔景福方形水中丞 道光 69
图版29 官模子四方瓦当纹葫芦 道光 70
图版30 官模子六方花卉纹葫芦 道光 71
图版31 六方博古纹葫芦 晚清 72
图版32 夹扁素鼻烟壶 晚清 72
图版33 押花紫红鼻烟壶 清中期 73
图版34 押花福寿纹鼻烟壶 晚清 74
图版35 乾黄六棱小鼻烟壶 晚清 75
图版36 乾隆赏玩南极老人鼻烟壶 乾隆 75
图版37 官模子蝠磬纹鼻烟壶 道光 76
图版38 官模子道光年制款八方杜诗
　　　鼻烟壶两件 道光 77
图版39 官模子花卉山石纹鼻烟壶 道光 78
图版40 官模子笙箫纹鼻烟壶 道光 78
图版41 官模子马上封侯鼻烟壶 晚清 79
图版42 官模子瓮头春酒坛式鼻烟壶 晚清 79
图版43 风景依稀似去年鼻烟壶 晚清 80
图版44 针划山水人物纹小葫芦两枚 现代 80
图版45 揉手勒花小葫芦成对 近代 81
图版46 勒花呼鸟小葫芦 晚清 81
图版47 紫红八棱呼鸟葫芦 清中期 82
图版48 紫红鹰水葫芦两具 清 83

图版49	王世襄火画瓦当纹鸽哨葫芦 现代	84
图版50	王世襄火画兰亭序墨拓残片鸽哨葫芦成对 现代	84
图版51	王世襄火画道因法师碑墨拓残片鸽哨葫芦成对 现代	85
图版52	王世襄火画山水鸽哨葫芦两件 现代	85
图版53	王世襄火画梅花鸽哨葫芦成对 现代	86
图版54	王世襄火画菊花鸽哨葫芦成对 现代	86
图版55	王世襄火画荷花鸽哨葫芦成对 现代	87
图版56	王世襄火画秋葵鸽哨葫芦成对 现代	87
图版57	王世襄火画葫芦红木圆盒成对 现代	88
图版58	王世襄火画葫芦别针 现代	88
图版59	染红刀刻葫芦两件 现代	89
图版60	紫红小蝈蝈葫芦 明	90
图版61	紫红中蝈蝈葫芦 明或清初	90
图版62	紫红大蝈蝈葫芦 明或清初	91
图版63	紫红无翻大蝈蝈葫芦 明或清初	91
图版64	紫红大蝈蝈葫芦 明或清初	92
图版65	紫红松脖大蝈蝈葫芦 明或清初	92
图版66	红色三疣蝈蝈葫芦 清中期	93
图版67	深黄蜘蛛肚式大蝈蝈葫芦 清	93
图版68	红色蜘蛛肚式大蝈蝈葫芦 清中期	94
图版69	王世襄火画金鱼大蝈蝈葫芦 清	95
图版70	王世襄押花樱桃鸣禽图大蝈蝈葫芦 现代	95
图版71	官模子郑审诗蝈蝈葫芦 道光或较早	96
图版72	官模子归樵图蝈蝈葫芦 道光	96
图版73	官模子五言唐诗蝈蝈葫芦 道光	97
图版74	官模子七言绝句蝈蝈葫芦 道光	97
图版75	官模子八方七言绝句蝈蝈葫芦 道光	98
图版76	官模子蝙蝠流云纹蝈蝈葫芦 道光	99
图版77	官模子百寿纹蝈蝈葫芦 道光	99
图版78	官模子盘肠寿字纹蝈蝈葫芦 道光	100
图版79	官模子孔雀纹蝈蝈葫芦成对之一 道光	100
图版80	官模子双蕙图蝈蝈葫芦 道光	101
图版81	官模子蕙蝶图蝈蝈葫芦 道光	102
图版82	官模子狮戏图蝈蝈葫芦 道光	102
图版83	官模子赤壁图蝈蝈葫芦 道光	103
图版84	官模子百子图蝈蝈葫芦 道光	104
图版85	官模子满文天官赐福四字蝈蝈葫芦 道光	105
图版86	官模子四开光博古图蝈蝈葫芦 晚清	106
图版87	官模子四季花卉蝈蝈葫芦 晚清	107
图版88	官模子云龙麟狮纹蝈蝈葫芦 晚清	107
图版89	官模子山水人物蝈蝈葫芦 晚清	108
图版90	官模子凤仪亭故事蝈蝈葫芦 晚清	109
图版91	官模子凤仪亭四瓣阴文蝈蝈葫芦木范 道光	110
图版92	官模子水浒故事蝈蝈葫芦 晚清	111
图版93	官模子春梦图蝈蝈葫芦 晚清	112
图版94	官模子占老钱纹蝈蝈葫芦 晚清	113
图版95	官模子笸箩纹蝈蝈葫芦 晚清	113
图版96	官模子万福纹蝈蝈葫芦成对 晚清	114
图版97	官模子百寿图蝈蝈葫芦 晚清	115
图版98	官模子团窠花卉纹蝈蝈葫芦 晚清	115
图版99	官模子牡丹纹蝈蝈葫芦 晚清	116
图版100	官模子四君子图蝈蝈葫芦 晚清	116
图版101	官模子花卉纹蝈蝈葫芦 晚清	117
图版102	官模子双龙纹蝈蝈葫芦 晚清	118
图版103	官模子龙凤纹蝈蝈葫芦 晚清	118
图版104	官模子狮纹蝈蝈葫芦 晚清	119
图版105	官模子四狮纹蝈蝈葫芦 晚清	119
图版106	官模子鹤鹿同春图蝈蝈葫芦 晚清	120
图版107	官模子秋郊仕女图蝈蝈葫芦 晚清	121
图版108	官模子七夕图蝈蝈葫芦 晚清	122
图版109	官模子酒香花韵图蝈蝈葫芦 晚清	123
图版110	官模子海市蜃楼图蝈蝈葫芦 晚清	124
图版111	官模子扬帆出海图蝈蝈葫芦 晚清	125
图版112	官模子女仙图蝈蝈葫芦 晚清	125
图版113	官模子以虫鸣秋蝈蝈葫芦 晚清	126
图版114	官模子钟鼎铭文蝈蝈葫芦 晚清	127
图版115	官模子玉壶买春蝈蝈葫芦 晚清	128
图版116	官模子公余遣兴蝈蝈葫芦 晚清	129
图版117	官模子怀我好音蝈蝈葫芦 晚清	130

图版118	官模子八棱印章蝈蝈葫芦 晚清	131
图版119	官模子双龙纹蝈蝈葫芦四瓣阴文木范 道光	131
图版120	官模子风雨归舟图蝈蝈葫芦阳文木模 道光	132
图版121	安肃模南极老人蝈蝈葫芦 清中晚期	134
图版122	安肃模蟠桃献寿图蝈蝈葫芦 晚清	134
图版123	安肃模笡箩纹蝈蝈葫芦 晚清	135
图版124	旧模新种缠枝莲纹蝈蝈葫芦 1938年	135
图版125	王世襄手植又筠制款月季纹蝈蝈葫芦 1938年	136
图版126	三河刘棒子式小蝈蝈葫芦成对 咸丰	138
图版127	三河刘柳叶棒子式蝈蝈葫芦 咸丰	139
图版128	安肃模木瓜棒式蝈蝈葫芦 晚清	139
图版129	王世襄火画北宗山水天津模蝈蝈葫芦 约1935年	140
图版130	王世襄火画北宗山水天津模蝈蝈葫芦 约1935年	141
图版131	王世襄火画采莲图天津模蝈蝈葫芦 约1935年	142
图版132	王世襄火画封侯图天津模蝈蝈葫芦 约1935年	142
图版133	深黄勒脖札嘴葫芦 晚清	143
图版134	玉簪棒式本长札嘴葫芦 晚清 勒脖倒栽札嘴葫芦 近代	143
图版135	官模子笡箩纹鱼篓式札嘴葫芦 道光	144
图版136	官模子八方篆文札嘴葫芦 道光	144
图版137	官模子云龙纹札嘴葫芦成对之一 道光	145
图版138	官模子缠枝莲纹札嘴葫芦 晚清	145
图版139	乾黄倒栽油壶鲁葫芦 晚清	146
图版140	深黄倒栽油壶鲁葫芦 约1930年	146
图版141	官模子锦纹漱口盂式油壶鲁葫芦 道光或较早	147
图版142	官模子道光年制福庆有余漱口盂式油壶鲁葫芦 道光	148
图版143	官模子四龙纹油壶鲁葫芦 晚清	149
图版144	官模子双龙纹油壶鲁葫芦 晚清	149
图版145	官模子龙凤纹油壶鲁葫芦 晚清	150
图版146	三河刘和尚头式油壶鲁葫芦成对之一 咸丰	151
图版147	三河刘和尚头式高身油壶鲁葫芦 咸丰	151
图版148	三河刘滑车式油壶鲁葫芦 咸丰	152
图版149	三河刘油壶鲁葫芦 咸丰	152
图版150	陈锦堂押花秋塘游鱼图天津模油壶鲁葫芦 近代	153
图版151	红雁倒栽蛐蛐葫芦 清初	154
图版152	李润三火画本长蛐蛐葫芦 约1920年	154
图版153	深黄本长蛐蛐葫芦 约1940年	155
图版154	本长大蛐蛐葫芦 约1940年	155
图版155	官模子七绝谜语蛐蛐葫芦 道光	156
图版156	官模子七绝谜语蛐蛐葫芦 道光	156
图版157	官模子倒栽寒江独钓图蛐蛐葫芦 道光	157
图版158	官模子八宝云蝠纹蛐蛐葫芦 晚清	157
图版159	官模子八宝暗八仙纹蛐蛐葫芦 晚清	158
图版160	官模子双狮纹蛐蛐葫芦 晚清	158
图版161	官模子素蛐蛐葫芦 道光	159
图版162	文三火画山水三河刘蛐蛐葫芦 咸丰	160
图版163	雁脖式倒栽梆儿头葫芦 晚清	160
图版164	白二火画婴戏图本长金钟葫芦 晚清	161
图版165	深黄倒栽金钟葫芦 晚清	161
图版166	蝈蝈葫芦瓢盖三块 现代	162
图版167	贴象牙蝈蝈葫芦瓢盖 近代 贴象牙札嘴葫芦瓢盖 近代	162
图版168	蝈蝈葫芦瓢盖与铜丝簧 现代	163
图版169	紫红大蝈蝈葫芦所用瓢盖及铜丝簧 现代	163
图版170	白二雕太狮少狮槟榔瓢蒙心 晚清	164
图版171	文三雕龙凤纹象牙蒙心 清末	164
图版172	文三雕梅花喜鹊纹象牙蒙心 清末	165
图版173	文三雕梅花纹染绿象牙蒙心 清末	165
图版174	八宝纹象牙蒙心 清	166
图版175	福寿暗八仙纹象牙蒙心 晚清	166

图版176 刘海戏蟾高牙蒙心 晚清　　167
图版177 唐三藏取经高牙蒙心 晚清　　168
图版178 牡丹纹玳瑁蒙心 晚清　　169
图版179 双凤朝阳纹玳瑁蒙心 清　　169
图版180 岁寒三友纹镶琉璃珠象牙蒙心 清　　170
图版181 常连雕牧牛图槟榔瓢蒙心 近代　　170
图版182 常连雕梅花纹槟榔瓢蒙心 近代　　171

图版183 常连雕梅花纹小玳瑁蒙心 近代　　171
图版184 常连雕牵牛花蛱蝶纹玳瑁蒙心 近代
　　　　仁义顺云鹤纹玳瑁蒙心 近代　　172
图版185 李润三雕凤穿牡丹纹玳瑁蒙心 近代　　173
图版186 仁义顺云蝠纹玳瑁蒙心 近代　　173
图版187 仁义顺蛱蝶缠枝花纹玳瑁蒙心 近代　　174
图版188 仁义顺松鼠葡萄纹玳瑁蒙心 近代　　174

　　为图版提供实物者，有：北京、台北两地故宫博物院，中国历史博物馆，天津市艺术博物馆，北京文物商店，美国华盛顿福利尔美术馆、堪萨斯城奈尔逊美术馆及其他中外收藏家。而通讯联系，梅英明先生与有力焉。香港曾柱昭、莫士拋两先生慨允采用所著文中之图像；津门小友王强、万永强，或专程赴鲁，持归北京久已绝迹之札嘴，或于摊肆物色稀有之葫芦，插图所阙，赖以补全。

　　识读甲骨、钟鼎、满洲文字，曾求教于张政烺、屈六生、林小安先生。

　　照相写真，除标明所藏者外，均出孙之常摄影师之手。绘制线图仍由荃猷司其事。

　　赐论者不论先后，均致衷心感谢。

附 录

附录1

瓢 赋
（唐）韦肇

器为用兮则多，体自然兮能几？惟兹瓢之雅素，禀成象而瓌伟。安贫所饮，颜生何愧于贤哉。不食而悬，孔父尝嗟夫吾岂。离芳叶，配金壶，虽人斯造制，而天与规模。柄非假操而直，腹非待剖而刳。静然无似于物，豁尔虚受之徒，黄其色以居贞，圆其首以持重。非憎乎林下逸人，何事而喧。可惜乎樽中夫子，宁拙于用。笙匏同出，讵为乐音以见奇。牢醴各行，用谢婚姻之所共。受质于不宰，成形而有待。与箪食而义同，方抔饮而功倍。省力而易就，因性而莫改。岂比夫尔戈尔矛，而劳乎锻乃砺乃。于是荐芳席，娱密座，动而委命，虽提挈之由君。用或当仁，信斟酌而在我。挹酒浆则仰惟北而有别，充玩好则校司南以为可。有以小为贵，有以约为珍。瓠之生莫先于晋壤，杓之类奚取于梓人？昔者沧流，曾变蠡名而愿测。今兹庙礼，请代龙号而惟新。勿谓轻之掌握，无使辱在埃尘。为君酌人心而不倦，庶反朴以还淳。

（《全唐文》第五册页4476下，1982年中华书局影印本）

附录2

刘道士赠小葫芦四首
（宋）陆游

葫芦虽小藏天地，伴我云山万里身。
收起鬼神窥不见，用时能与物为春。

贵人玉带佩金鱼，忧畏何曾顷刻无！
色似栗黄形似茧，恨渠不识小葫芦。

短袍楚制未为非，况得药瓢相发挥。
行过山村倾社看，绝胜小剑压戎衣。

个中一物着不得，建立森然却有余。
尽底语君君岂信，试来跳入着何如？

（《陆放翁集》《剑南诗稿》卷八十三，商务印书馆《万有文库》本）

附录3

葫 芦
（明）屠隆

有天生一寸小葫芦，用以缀为衣纽，又可悬于念珠，有物外风致。若用杖头挂带盛药二三寸葫芦，亦妙。其长腰鹭鸶葫芦，可悬药篮左右，可为鹭瓢吸饮。有小扁葫芦可为冠及瓢，俱以生相周匝，摸弄精神，无汗气方妙。

瓢

有癭瓢其形如芝如瓠者，山人携以饮泉，大不过四五寸，而小者半之。惟以水磨其中，布擦其外，光彩如漆，明亮烛人，虽水湿不变，尘污不染，庶入精鉴。有小扁葫芦可作瓢，须摸弄莹洁方妙。

（《游具笺》，据《美术丛书》二集第九辑三册，神州国光社排印本）

附录 4

匏杯歌

（清）曹溶

郡中攻匏始王氏，其后模仿纷然多。各能推择尚坚朴，八月九月留霜柯。宣武平生消形似，精微已往皆涆讹。石佛寺僧称妙手，工惟急就亏揩磨。流传空复遍燕粤，贱售只辱幽人薖。东郊周生最晚出，家无尺帛颜常酡。穷思莽苍得其窍，尽刷怪诡还中和。终年黯惨与神遇，欻起奏刀如掷梭。不规而成妙天质，因物纤巨无偏颇。瓶罍满眼总适用，譬若圣教陈四科。其间卓绝首觥器，琴轩书榻光相摩。捧之宜俟偓佺辈，侍坐可斥妖秦娥。愚也好古彻骨髓，周生之室曾经过。持赠不惜倒筐篚，皓若片月来烟萝。南滞闽峤北沙塞，尘坋夏击催陈疴。糟邱已隤欢伯怨，不饮奈此匏者何。

（《嘉兴县志》卷二十七列传艺术，光绪三十二年修本）

附录 5

竹田乐府

（清）张廷济

西方僧作渡海船，壶卢禅结壶卢缘。止止庵留三百年（余取吉祥止止之义，增一止字），不用汉书藏，不容五石剖，佛家心，仙家手，成之得之俱不偶。怪他到处问场师，长柄壶卢种可有？

止止庵大吉壶邦梁儿得之成图求诗

何人缘结长柄壶，传自西域颠浮屠，止止庵物几易主，痴儿依样还成图。此是化人真手段，形摹不就凡人腕。若使人人绾辄成，百千万结应无算。昔见双壶双结联，欲购厂肆囊无钱（嘉庆六年辛酉见于京都琉璃厂肆）。何如一壶长挂壁，长房梦入壶中天。壶中人与壶难老，到处结缘到处好。凭他醉汉问东吴，一笑壶卢真绝倒。

（《清仪阁所藏古器物文》册四，民国十四年商务印书馆石印本）

附录 6

《西清笔记》一则

（清）沈初

葫芦器，康熙间始为之，瓶、盘、杯、碗之属，无所不有。阳文花鸟山水题字，俱极清朗，不假人力。其法于葫芦生后，造器模包其外，渐长渐满，遂成器形。然数千百中仅成一二，完好者最难得。尝见一方砚匣，工致平整，承盖处四面吻合。良工所制，独逊其能。

（见卷二《功顺堂丛书》本）

附录7

乾隆御制咏葫芦器诗十首

(清)弘历

咏壶卢器

壶卢器者出于康熙年间,皇祖命奉宸取架匏面规模之,及熟,速成器焉。碗、盂、盆、盒惟所命,盖其朴可尚,而巧亦非人力之所能为也。爰令园人仿为之。既成,题以句而识其源如是。

累在栗新烝,陶人岂藉凭。玉成原有自,瓠落又何曾?纳约传遗制,随圆泯锐棱。爰兹淳朴器,更切木从绳。

(《御制诗初集》卷四十四页6上,作于乾隆十二年丁卯,公元1747年)

咏葫芦笔筒

葫芦笔筒,予向日书几上日用物也。弃置廿余年,今偶见之,如遇故人,因成是什,亦言志之意云尔。

苦叶甘瓠只佐餐,纵然为器(是器乃皇祖所赐也)乃壶樽。岂知贮笔成清供,陡忆含饴拜圣恩。巧是鸿钧能造物(匏蒂初生,函以木范,迨莟实时,各肖形成器。此制创自康熙年间,而此筒尤为天质完美),训垂燕翼见铭言(筒上有阳文铭,用成公绶"经纬天地,错综群艺"之句)。错综不易穷理境,经纬何曾达治源。顿觉廿年成梦幻,那忘十载伴朝昏。犹然我也如相待,惭愧休为刮目论。

(《御制诗二集》卷七十九页9下,作于乾隆二十三年戊寅,公元1758年)

敬题康熙年间葫芦

具绘非因刻,成模不是陶。物皆堪造就,可识化工高。

(《御制诗四集》卷七十九页7上,作于乾隆四十六年辛丑,公元1781年)

咏壶卢瓶

幸谢蒸鹅佐脱粟,却成槌纸得全壶。囵囵弗藉范而范,汤穆何妨瓴不瓴。学士漫嗤画依样,陶人那问铸从模,无烦贮水安铜胆,随意闲花簪几株。

(《御制诗四集》卷八十五页18上,作于乾隆四十七年壬寅,公元1782年)

咏葫芦笔筒

作器心归圣,葫芦器古无。可知心造化,即此示猷谟。地宝何曾爱,天然宛就模。裴钟看巧制,毛颖得安区。布景图犹活,临池帖可摹。兰亭同逸少,愧我少工夫。(按张照跋芦膜帖,有曾见皇祖于芦膜上临兰亭语。膜字于义无取,盖模字之误。康熙年间葫芦器,皆以木模夹持成形,今司圃者亦仿之,然大不如旧时者矣。)

(《御制诗四集》卷八十七页6下,作于乾隆四十七年壬寅,公元1782年)

恭题壶卢碗歌

壶卢碗逮百年矣,穆如古色含表里。摩挲不忍释诸手,康熙御玩识当底。昔时未审赐何人,其家弗守鬻之市。展转兹复充贡珍,是诚珍胜其他耳。辞尘世仍入西清,碗如有知应自喜。敬思当日圣意渊,不贵异物祛奢靡。园开丰泽重农圃,蔬瓠尔时种于此。就模中既成诸器,神枢即契造物理。对碗可悟见诸羹,幻海浮沉宁论彼?

(《御制诗五集》卷十六页7下,作于乾隆十九年乙巳,公元1785年)

咏壶卢瓶

壶卢模器始康熙,苑监相承法种之(壶卢模器者皇祖命苑监于初生时制模以规之,及成,文理宛然,瓶碗诸器，惟意所命。至今御园内监，尚存其法，种之每得佳器）。胜木从绳无斧凿，肖全在冶有炉锤。明雕漆异果园局，宋制磁赢修内司。踵事则然增华否？慎言敦朴每尘思。

（《御制诗五集》卷十七页29下，作于乾隆四十九年乙巳，公元1785年）

咏壶卢合子

悬瓠何尝有定容？规之成器在陶镕，外模设矣得由己，中道立而能者从。绎义有符铸人法，摛词无匪慕前踪（壶卢器自皇祖命苑监创制至今，遵奉成规，每得佳器。屡经题咏，以志率由前典）。苑丞种出呈盘覆，贮水沉堪佐静供。

（《御制诗五集》卷二十五页2上，作于乾隆五十一年丙午，公元1786年）

咏壶卢瓶

碗盘富有印成模，似此花瓶新样殊。大小壶卢连蔓缀（瓶之纹复缀以壶卢），物毋忘本若斯夫！

（《御制诗五集》卷四十五页5上，作于乾隆五十四年己酉，公元1789年）

恭咏壶卢罐

器高五寸，径三寸，通体蟠螭二，有盖，当底有"康熙赏玩"四字。制是器者，瓠始生时，以木模束之，迨其长成，花纹字体，俨若天造。命意甚巧，而形制浑朴，较金玉之品，似转胜之。

成器已将百岁余，康熙赏玩识当（当底之当，非当然之当）初。置之白玉青铜侧，华朴之间意愧如。

（《御制诗五集》卷八十二页21上，作于乾隆五十八年癸丑，公元1793年）

附录8

清宫词

（清）吴士鉴

匏卢秋老结深青，范合方圆各异形。款识精镌题御玩，旟陶而外有新铭。

园籞旷地，遍植匏卢。当结实之初，斫木成范，其形或为瓶，或为盘，或为盂，镌以文字及各种花纹，纳匏卢于其中。及成熟时，各随其范之方圆大小自成一器，奇丽精巧，能夺天工。款识隆起，宛若砖文。乾隆间所制者尤为朴雅，此御府文房之绝品也。

（九钟山人：《清宫词》页29，1911年排印本）

附录9

太监魏珠得一城

（当代）信修明

太监魏珠是圣祖皇帝的宫殿太监。圣祖驾崩，写了立储之遗诏。太监魏珠探听到消息，告诉了雍亲王。亲王说：你立了这么大功劳，我得怎样酬谢你呢？魏珠说，奴才不敢有奢望，但赏我一城就满足了。雍正皇帝即位，让魏珠当了北海团城的总管，以履行当年要赏他一城之诺言，实际上是要把他软禁起来。太监魏珠在团城里因为无事可管，就以种葫芦作为消遣。还制造了不少葫芦器物，如弦子、琵琶、匙箸、盘碗、算盘珠子、各种瓶、罐、鼎、炉陈设等。这些器物工艺精巧，上面又刻制了书画。后来慈禧太后看中了这些东西，放到了内库，陈设在西苑仪銮殿内，以供玩赏。庚子年间八国联军侵入北京，德国兵驻中南海，把这些葫芦掠走，运往德国了。珍贵文物虽失，但团城却仍巍然立于北海金鳌玉蝀桥头。

（《老太监的回忆》，燕山出版社，1987年印本）

附录 10

络纬养至暮春

（清）玄烨

秋深厌聒耳，今得锦囊盛。经腊鸣香阁，逢春接玉笙。物微宜护惜，事渺亦均平。造化虽流转，安然此养生。

（《圣祖仁皇帝御制文集》四集，卷三十五页 4 下）

附录 11

咏络纬

（清）弘历

皇祖时命奉宸苑使取络纬种育于暖室，盖如温花之能开腊底也。每设宴则置绣笼中，唧唧之声不绝，遂以为例云。

群知络纬到秋吟，耳畔何来唧唧音。却共温花荣此日，将嗤冷菊背今。夏虫乍可同冰语，朝槿原堪入朔寻。生物机缄缘格物，一斑犹见圣人心。

（《御制诗二集》卷一页 17 下，作于乾隆十三年戊辰，公元 1748 年）

李放辑《中国艺术家徵略》收艺匏家《梁九公》一则，本书未采用。盖因范有"梁九公制"小印之葫芦，笔者从未见过，亦未闻藏家道及。且小印砑押尚难为之，遑论范制。花纹"细入毫发"更非模具所能奏功，故所记不无可疑处。今置之于《附录》之末，聊供读者参考而已。

聒聒此地多有，好事者率盛以葫芦，置暖处，可经冬不死。葫芦长者如鸡心，截其半，嵌以象牙，或紫檀为盖。其扁者，旁拓玻璃窗，以刀刻诸花卉，都下尤贵重之。梁九公者，太监也，居辇下，种此为业，售必获巨值。方葫芦未成时，束以范，方圆大小惟所欲。大者如斗，可为果盒（尝见一盒，盖于底各一葫芦，内外同色，不见其瓤，亦无合缝处。上下斗笋，浑然天成，毫无柄凿。质轻而坚，岁久不裂，尤奇）。极小为妇人耳珰，尤精巧。其他奇形诡质，不可殚述。文备山水花鸟之状，细如毫发，非由刻划。空隙处皆有"梁九公制"小方印。他人效之，不能及也。聒聒葫芦尤佳，人皆呼为"梁葫芦"。

（《蝶阶外史》）

附：对《说葫芦》、《中国葫芦》两书之改正与补充

1993年拙作《说葫芦》中英文双语本在香港出版。为便于国内流通，1997年又在上海文艺出版社出版中文本，易名《中国葫芦》。后者对前者在"范制葫芦"一节末略有改正补充如下：

予曾谓：清宫范匏"嘉庆款者未之见，道光所制，多无款识"。又谓"乾隆以后，范匏之事，无文献可征"。当年随手写来，凭借印象，未尽核实。此后觉有未安，故1996年复往故宫博物院寻求准确答案。承蒙院方提供实物照片及文献材料，足证我前者之非，特改正、补充如下：

故宫博物院藏品中虽以康、乾两朝赏玩款者为多，但亦有少数嘉、道款匏器。举两例如下：

一 嘉庆赏玩款螭龙纹瓶（图1、图2），故宫博物院藏

瓶侈腹细颈，螭龙喙、尾及四肢衍为卷草，俗称草龙纹。瓶上模痕显著，范制似欠致密。

二 道光年制款寿山福海纹笔筒（图

图1 嘉庆赏玩螭龙纹瓶全形

图2 嘉庆赏玩螭龙纹瓶底部

图 3　道光年制款寿山福海纹笔筒全形

图 4　道光年制款寿山福海纹笔筒底部

3、图 4），故宫博物院藏

花纹由山石、海水、桃枝、蝙蝠组成。象牙铃口。

保管部夏更起同志曾查阅清宫造办处活计档，并抄录部分有关葫芦器条款。承蒙许可，摘录乾隆之后者数条：

嘉庆十一年九月十九日太监得意交：

葫芦大碗两个　葫芦撇口碗两个　葫芦碟四个

葫芦茶盅五个　笔筒一个　葫芦小圆盒一个　葫芦小胆瓶一个　葫芦小方罐三个　葫芦奶茶碗两个　葫芦小扁壶一个　葫芦烟壶一个　酒盅两个

嘉庆十四年交：

葫芦小扁壶一个　葫芦小方罐一个　葫芦酒盅两个　葫芦烟壶四个等共二十五件

活计档并记载嘉庆朝下列各年所交葫芦器数量：

十五年　二十七件

十八年　四十六件

十九年　三十三件

二十年　四十五件

二十二年　四十四件

道光五年以后，交葫芦器次数及数量均大减，直至活计档不再记录，无可考查。

根据上述材料，可知清宫范匏乾隆以后并未停止，嘉庆朝尚具一定规模，至道光始大衰落。而究竟何时完全终绝，一时恐难有定论。至谓"乾隆以后无文献可征"，则因笔者疏漏，不知于宫廷档案中求之，致有此误。

又按：最近在"文革"时被抄、后又发还之故旧纸捆中，发现就读高中时手记"天津宣大爷范制葫芦事"，顿觉本节末所谓之"旋家"乃"宣家"之误。致误之由则因 1990 年撰写《说葫芦》，距当年记录已将一甲子，往事早已遗忘。复因当年京津养家、虫贩，称呼宣氏曰宣大爷。"宣"读作 xuàn，不作 xuān。此音却始终在耳，遂误以为其姓为可读作去声之"旋"①。

1997 年 4 月

近日发现对拙作《勒扎葫芦》一节中之绾结葫芦（俗称系扣葫芦）又应有所补充。

当年予编写《说葫芦》时，深信道光间张叔未（廷济）曾多方试种绾结葫

① 正文中已改。——编者注

图5 美国史氏（Jim Story）园篱正在生长中的系扣葫芦

图6 美国韦氏（Jim Widess）赠我的系扣葫芦

芦而未能成功。为此我又多次访问京津植匏者及古董杂项摊贩，均谓所见系扣葫芦皆传世有年，未见有新种者。后于《群芳谱》查到埋巴豆一法。烦人试种，亦告失败。于是对埋巴豆法是否可信，不免产生疑问。故吾曾以为系扣之法恐已失传而深以为憾。

出我意外，美国友人寄我一书，名曰《葫芦从种植到装饰》（*Gourd From Vine to Design,* Donn Kelver, 2000, National Council of State Garden Clubs, St.Louis, Missouri），书页43中一图（图5），竟是正在系扣中之长颈葫芦幼实。文中言及由于颈部易断折，往往试系若干枚始有一二成功者，可见亦须有一定之耐心及技巧。但此法美国植匏者人尽知之，不足为奇。盛情可感，此后竟蒙美国友人寄我一长颈系扣者，即照片中我手持一件（图6）。予喜示天津友人万君，并烦其转告所识植匏者。系扣葫芦，选种务求长颈者，此点至关重要。数月前万君告我天津已有系扣成功者，并正在研究如何用颈较短之葫芦系扣，进一步将试验如何将两枚葫芦用系扣将其联结在一起。我已有预感，系扣葫芦正如四十年前已濒绝灭之范制葫芦将喜庆重生。不出十年，系扣葫芦在京津亦将不再是稀罕之物矣。

王世襄编著书目

家具

《明式家具珍赏》（王世襄编著）中文繁体字版，三联书店（香港）有限公司 / 文物出版社（北京）联合出版，1985 年 9 月香港第一版。艺术图书公司（台湾），1987 年出版。中文简体字版，文物出版社（北京），2003 年 9 月第二版。

Classic Chinese Furniture（《明式家具珍赏》英文版） 三联书店（香港）有限公司，1986 年 9 月出版。寒山堂（伦敦），1986 年出版。China Books and Periodicals（旧金山），1986 年出版。White Lotus Co.（曼谷），1986 年出版。Art Media Resources（芝加哥），1991 年出版。

Mobilier Chinois（《明式家具珍赏》法文版） Editions du Regard（巴黎），1986 年出版。

Klassiche Chinesische Möbel（《明式家具珍赏》德文版） Deutsche Verlags Anstalt（斯图加特），1989 年出版。

《明式家具研究》（王世襄著，袁荃猷制图） 三联书店（香港）有限公司，1989 年 7 月第一版（全二卷）。南天书局（台湾），1989 年 7 月出版。生活·读书·新知三联书店（北京），2007 年 1 月第二版（全一卷）。

Connoisseurship of Chinese Furniture（《明式家具研究》英文版） 三联书店（香港）有限公司，1990 年出版。Art Media Resources（芝加哥），1990 年出版。

Masterpieces from The Museum of Classical Chinese Furniture（美国加州中国古典家具博物馆选集，与柯惕思 [Curtis Evarts] 合编） Chinese Art Foundation（芝加哥和旧金山），1995 年出版。

《明式家具萃珍》（王世襄编著，袁荃猷绘图） 中文繁体字版，中华艺文基金会（芝加哥和旧金山），1997 年 1 月出版。中文简体字版，上海人民出版社，2005 年 11 月出版。

工艺

《髹饰录解说》 1958年自刻油印初稿本。文物出版社，1983年3月增订本，1998年11月修订再版。

《髹饰录》（〔明〕黄成著，〔明〕杨明注，王世襄编） 中国人民大学出版社，2004年1月出版。

《故宫博物院藏雕漆》（选编并撰写元明各件说明） 文物出版社，1983年10月出版。

《中国古代漆器》 文物出版社，1987年12月出版。

Ancient Chinese Lacquerware（《中国古代漆器》英文版） 外文出版社，1987年12月出版。

《中国美术全集·工艺美术编·竹木牙角器卷》 文物出版社，1988年12月出版。

《中国美术全集·工艺美术编·漆器卷》 文物出版社，1989年2月出版。

《清代匠作则例汇编》（漆作、油作）1962年油印本，尚未正式出版。

《清代匠作则例汇编》（佛作、门神作） 1963年6月自刻油印本。北京古籍出版社，2002年2月出版。

《刻竹小言》（影印本，金西厓著，王世襄整理） 中国人民大学出版社，2003年11月出版。

《竹刻艺术》（书首为金西厓先生《刻竹小言》） 人民美术出版社，1980年4月出版。

《竹刻》 人民美术出版社，1992年6月出版。

Bamboo Carvings of China（中国竹刻展览英文图录，与翁万戈先生合编）华美协进社（纽约），1983年出版。

《竹刻鉴赏》 先智出版事业股份有限公司（台湾），1997年9月出版。

《清代匠作则例》（王世襄主编，全八卷，已出一、二卷） 大象出版社，2000年4月出版。

《中国鼻烟壶珍赏》 三联书店（香港）有限公司，1992年8月出版。

绘画

《中国画论研究》（影印本，全六册）1939-1943年写成。广西师范大学出版社，2002年7月出版。

《画学汇编》（王世襄校辑） 1959年5月自刻油印本。

《金章》（王世襄编次先慈画集并手录遗著《濠梁知乐集》） 翰墨轩（香港），1999年11月出版，收入《中国近代名家书画全集》，为第 31 集。

《高松竹谱》、《遁山竹谱》（手摹明刊本。同书异名，高松号遁山）人民美术出版社，1958 年 5 月出版。香港大业公司，1988 年 5 月精印足本。

音乐

《中国古代音乐史参考图片》人民音乐出版社，1954–1957 年出版 1–5 辑。

《中国古代音乐书目》 人民音乐出版社，1961 年 7 月出版。

《广陵散》（书首说明部分） 音乐出版社，1958 年 6 月出版。

游艺

《明代鸽经　清宫鸽谱》（赵传集注释并今译《鸽经》） 河北教育出版社，2000 年 6 月出版。

《北京鸽哨》 生活·读书·新知三联书店，1989 年 9 月出版。辽宁教育出版社，2000 年 4 月中英双语版。

《说葫芦》 壹出版有限公司（香港），1993 年 8 月中英双语版。

《中国葫芦》 上海文化出版社，1998 年 11 月增订版。

《蟋蟀谱集成》（王世襄纂辑） 上海文化出版社，1993 年 8 月出版。

综合

《锦灰堆：王世襄自选集》（全三卷）生活·读书·新知三联书店，1999 年 8 月出版。

《锦灰堆：王世襄自选集》（繁体字版，全六卷） 未来书城股份有限公司（台湾），2003 年 8 月出版。

《锦灰二堆：王世襄自选集》（全二卷） 生活·读书·新知三联书店，2003 年 8 月出版。

《锦灰三堆：王世襄自选集》 生活·读书·新知三联书店，2005 年 6 月出版。

《锦灰不成堆：王世襄自选集》 生活·读书·新知三联书店，2007 年 7 月出版。

《自珍集：俪松居长物志》 生活·读书·新知三联书店，2003 年 1 月出版，2007 年 3 月袖珍版。

Copyright © 2013 by SDX Joint Publishing Company
All Rights Reserved.
本作品版权由生活·读书·新知三联书店所有。
未经许可，不得翻印。

图书在版编目（CIP）数据

说葫芦 / 王世襄著 . -- 北京：生活·读书·新知
三联书店 , 2013.7 （2023.12 重印）
（王世襄集）
ISBN 978-7-108-04283-5

Ⅰ . ①说… Ⅱ . ①王… Ⅲ . ①葫芦科—民间工艺—中国 Ⅳ . ① J529

中国版本图书馆 CIP 数据核字 (2012) 第 242665 号

责任编辑　张　荷　王　竞
装帧设计　蔡立国　薛　宇
责任印制　董　欢
出版发行　生活·讀書·新知 三联书店
　　　　　北京市东城区美术馆东街 22 号　100010
网　　址　www.sdxjpc.com
经　　销　新华书店
印　　刷　天津图文方嘉印刷有限公司
版　　次　2013 年 7 月北京第 1 版
　　　　　2023 年 12 月北京第 7 次印刷
开　　本　720 毫米 ×1020 毫米　1/16　印张 12.5
定　　价　68.00 元
（印装查询：01064002715；邮购查询：01084010542）